文學叢刊

劉玖香著

香遠八十瑣憶

文史哲出版社印行

國家圖書館出版品預行編目資料

香遠八十瑣憶 / 劉玫香著. -- 初版 -- 臺北市：
文史哲出版社, 民 110.08
頁； 公分. --（文學叢刊；441）
ISBN 978-986-314-556-0（平裝）

863.55 11014521

文學叢刊 441

香遠八十瑣憶

著　者：劉　玫　香
出版者：文　史　哲　出　版　社
http:// www.lapen.com.tw
e-mail：lapen@ms74.hinet.net
登記證字號：行政院新聞局版臺業字五三三七號
發行人：彭　正　雄
發行所：文　史　哲　出　版　社
印刷者：文　史　哲　出　版　社
臺北市羅斯福路一段七十二巷四號
郵政劃撥帳號：一六一八〇一七五
電話886-2-23511028・傳真886-2-23965656
定價新臺幣四八〇元
二〇二一年（民一一〇）九月初版

ISBN 978-986-314-556-0 10441

自序

民國一〇九年農曆三月，是夫婿維經的百歲冥誕。

我在一〇八年元月，返維經山東老家過農曆年時，已與克梓兒約定。翌年春把他的學歷證件、任職派令、聘書等文件，帶回淄川老家，安置在祖父懷琪公的「王氏莊園」留作紀念。

詎料年底，即傳出「新冠肺炎」疫情。接著世界各國，相繼淪陷。疫情嚴峻時，各城市封城封鎖通路，隔離群眾，避免病毒擴散漫延。因此，要紀念維經百歲之舉，只得止步。未能如期完成，非常遺憾。

防疫期間，為了安全，人人戴上口罩自保。在城市不戴口罩，上不了公車，其他場所亦然。出入勤洗手，噴酒精消毒，以免中鏢。

為了避疫，我到鄉間住下，避免與人接觸攀談群聚。我因失聰，不便與親友通電話報平安，只得寫信問候，以盡友朋關懷之情。

一〇八年五月，我出一本散文書《親情融融兩相惜》閒來翻閱。回想在山東過年，與兒孫團聚的歡樂時光，親切又溫馨，如今相隔兩地，令我十分思念。

在鄉間避疫，為了維持體力，晨昏勤散步，閒暇看書報消遣，但每天一成不變的單調生活，甚感無趣。日久驚覺我已虛度了，好長一段寶貴光陰，想到自己應該做些有意義的事吧！

於是，我又提筆，寫師長友朋之間交往行誼。回想維經幾位感情深摯的同學朋友，生前往返歡愉的情境，多麼令人懷念啊！何不把它一一記敘起來，留作日後緬懷呢？

於是利用散步後，家務之餘，伏案書寫。年來陸續竟得幾篇小文，嗯！夠再出一本書啦！書名定為《香遠八十瑣憶》書名與內容旨意相契合。

這是我第六本散文書，您不必驚訝！我自己則感到有些意外呢。因為您曉得我學歷低，知識淺薄，能寫文章出書，是勤奮自修，日積月累，一點一滴，匯集完成的心血結晶，多麼難得，又多麼珍貴呀！

讀小學時，美術是我鍾愛的科目，時為同學捉刀，換取鉛筆，畫作常被老師要去收藏。惜因家貧，父親無力供我繼續升學，延續求學之路。只得待在家裡，隨父母兄姊上山落田做農務。十七歲出外謀生，在城市做過保母、餐館服務生，和家庭幫傭的低層工作，前後十年整。

此期間，謹記離鄉時，父親要我增志，多讀書的叮囑；只要得空暇，看到書報雜誌，就像饑渴的孩童，囫圇吞棗，一一收納，幾經咀嚼，反芻消化，慶幸感到胸中有些墨水了。於是大膽向報刊投稿，蒼天不負苦心人，很幸運每投必中，因此增強了我繼續寫作的動力和信心。

幾年之後，集腋成裘，水到渠成，在維經生前我出了三本散文書。至此，終於為他彌補「妻子學歷低」的缺憾：同時也為他爭到「妻子是作者」的光采。

我年屆八十，身體日衰，眼力退化，趁記憶還行，認真完成這最後一本著作。維經在天之靈，若知妻子勉力完成此書，一定感到欣慰吧！

民國一一〇年端午節於芎林觀雲望月樓

香遠八十瑣憶

目 次

自 序 …… 一
照 片 …… 七
異域驚魂 …… 十七
長江三峽暨黃山記遊 …… 五七
三代恩情留心間 …… 七九
恩 師——鄭 煥先生 …… 八九
真摯的兄弟情 …… 九七
重溫墨人先生手札 …… 一〇五
向陳正一教授致敬 …… 一一八
毛先生與摩耶精舍 …… 一二七
文雅的饒平客語 …… 一三九
陽台上的白頭翁 …… 一四三

人鼠之戰……一四六
同鄉文友相砥礪……一五一
移人去來……一五八
孝女醫生——許旭君女士……一六六
奇妙的文字緣……一七三
真摯情誼香如故……一七九
人美、字美、心更美——黃淑琴老師……一八六
玉碎緣滅……一九九
傲慢與偏見……二〇五
我的孫女全壘打……二一二
我們這樣走過來……二一八
給梓兒的家書……二三九
淄川六十日瑣記……二五八
香遠剪影……三二三

作者向恩師鄭煥先生(96 歲)、師母(93 歲)拜年。(民 109 年正月)

作者(戴帽者)八十壽誕，娘家六兄弟夫婦、二姊、么妹夫婦、侄、甥送蛋糕祝賀，忠兒(左後一)。(民 109 年冬)

作者夫婿王維經應摯友毛懷瑾之邀，參訪"摩耶精舍"中為張大千先生肖像。(民80年夏)

作者夫婦和二姐(前)於張大千先生長眠之"梅丘"石碑前合影。(民80年夏)

八十高齡的墨人博士軟身運動
文建會委託生龍錦鳳傳播公司製作「智慧的薪傳」電視節目
（攝於民 88 年 11 月 26 日）

恩師黃淑琴(前右一)與南港補校學生合影，作者(後右一)

張灼珍老師(左)和作者賞畫，讚忠兒才華洋溢，作者開心的笑瞇了雙眼。(民 91 年初夏)

11 照　片

作者夫婦遊長江，雨後江邊山巒氤氳，美如畫卷。(民 90 年夏)

作者夫婦於俞伯牙和鍾子期相遇之地合影。(民 90 年夏)

作者夫婦於黃鶴樓(民 90 年 7 月)

作者夫婦(左二、三)乘坐平底船溯“神農溪”(民 90 年夏)

作者陪同二孫承緒(左一)、蔚綸(右一)領取繪畫特優獎及獎金

作者於山東淄川與克梓兒、香浦媳、
曾孫女蘊如合影。（民 106 年春）

作者和夏曉鵑教授相見歡。（108.10.06）

作者和道雲姊於高雄衛武營（民 108 年春）

作者和秋岳叔嬸於新竹橫山（民 109 年冬）

作者於山東淄川梓兒家前，與 6 歲曾孫女蘊如(左前一)在雪地堆雪(民 108 年正月初九)

作者之長子克梓全家福，前排左起，蘊如、香浦媳、克梓兒，
後排左起，長孫世壯夫婦、孫女莉莉夫婦及其前排等三子。
攝於民 110 年(2021)

忠兒邀請前屋主謝翔鶴伉儷(前排左一二)與全家人合影於頂樓花園。(民 109 年台灣光復節)

左起官老師有位伉儷、作者、劉守相蒞臨紙寮窩歡敘(110.3.13)

異域驚魂

王舒和妻子陳思佳帶著兩個九至十一歲的兒子，一家四口，兩天前自台灣搭飛機出發。途經日本、紐約、巴西里約。一路候機轉機，已坐了三十七個多小時飛機。這天午後三點多，終於抵達目的地。

陳思佳和兩個兒子，都是第一次坐飛機。剛上飛機時，兩個孩子異常興奮，直問父母：我們要去哪？要去幾天？父親為安孩子心說，爸媽帶你們去旅遊，爸爸已經幫你倆向學校請假了。

但這長途飛行，一路走來都已疲憊不堪，早失去臨上飛機的雀躍興致了。孩子對這陌生的國度，雖充滿好奇，但機場往來的旅客，他們所說的話，兄弟倆一句也聽不懂。

他們的母親——思佳，滿臉倦容，這一路上，她也極少開口說話，似心事重重。不像父親雖顯疲憊，仍得打起精神提醒他們要通關啦！

當他們合力把轉盤的行李取出，依序檢查入境時，此地的接洽人——莊仁義先生，適時出現，他熱絡地和王舒握手，頻說辛苦了。即領著他們把行李推向一個房間裡，但見他臉露異色，前後看了一下，神秘低聲說，您的行李太多件，海關人員要開箱檢查。

思佳想我們是持觀光簽證，已經入境，為何還要到另一房間單獨接受盤查？因此，心中不免起疑，未知這中間有什麼蹊蹺，但她沒追問莊先生，這是何故？

一位胖胖的女海關員，令他們把皮箱開鎖，敞開讓她勘驗。行李之中不外是一些衣物和日用品，並沒有違禁物。這當兒莊先生突對思佳說：這位海關人員，看上妳左襟上別的漂亮別針了，並示意思佳取下送給她。並在她耳畔細語，說我已經悄悄塞錢給她了，這樣打對好順利通關，不受刁難。

思佳心想，這是什麼樣的國家啊！入境還得向執勤關員賄賂！這是她們此行之前，在台灣數度見面，莊先生一直沒向她夫妻提到要注意的事。

他們一行出了機場，搭上莊先生雇來的小巴載行李，莊先生開自用車在前引導。約過了半個多鐘頭，即抵達莊先生府上。那是一幢兩層樓的小別墅，後院寬敞，車庫就在院子門邊，莊先生幫忙把幾件行李搬上二樓，並告知他們一家暫住房間思佳把行李擺妥，這才發現樓上隔房，已住著劉姓一家人。一對六十出頭的老夫妻，和兩個三十多歲的女兒，一個三十左右的年輕兒子，以及兩個七，九歲的外孫女。

在台北時,思佳夫妻曾拜訪過這一家人,想從他那裡得到這邊更多的正確資訊。因為他們也是莊先生介紹來的，早她兩星期到。談話間思佳看他的女兒已在樓上小廚房自炊煮食，準備晚餐了。

王家因是初到，晚餐接受莊先生夫婦款待。

莊先生的雙親，年約七十許，兩位老人家慈祥和藹。他夫妻有一個六歲大的獨生子，活潑可愛。太太樸實內向，講話會兩眉尖擠在一起。莊先生原在台北某國民中學教書，因緣際會，於數年前全家移民到此定居。

莊先生能言善道，口才極佳，為人很活躍。他經常僕僕風塵往返台灣，介紹有意移民的客家鄉親，從中收取仲介酬勞。他的堂兄莊仁昌和兩個兒子，已經過來一年多了，很能適應。妻子留在老家處理產業，即將來此團圓。

晚餐後，王家在樓下客廳談聊時，突見一位年近六旬的廣東客來訪。莊先生和他們介紹時說，他是吳老師，退休後跟美濃籍的太太和小舅子夫妻，已來這裡打拚好幾年了，頗有成就。

吳老師人很老實，談話總是嘿嘿地傻笑，看來蠻隨和。談聊中他透露最近頂一間中型超市，目前正在裝潢，不日即可隆重開幕啦！大夥聽了同聲向他恭賀。

這麼巧，這時莊先生的堂兄莊仁昌先生忽來訪。見到故鄉人倍感親切。寒暄一陣，仁昌先生問思佳，他老婆有說何時過來嗎？在竹東他老家，思佳見過他能幹的太太，她說你太太已經把房子賣掉了，說處理好就過來。

仁昌先生一聽，突以右手重重拍一下右膝，唉呀！長嘆一聲！

思佳一看不妙，是否他在這邊的情況，不如想像的好？惋惜妻子沒留後路，把寬敞深落的兩層樓店面賣掉啦！

王舒是大陸人，來台後一直在教育界服務，後來在大學擔任外文講師。他心地善良，為人忠厚老實，思想也單純，他聽不懂閩南語和客家話，因此人家說什麼他皆不知所云，只是附和地笑笑，他不像老婆，女人先天心思比較敏感細膩，善察言觀色。

當晚思佳躺在臨時的地舖上，轉輾反側，一直無法入睡。她回想在機場時，莊仁義那詭譎莫測的舉措，還有莊仁昌的拍膝長嘆，在在都令她不安。

她回憶剛結婚時，丈夫曾告訴她，二十多年前一位同鄉同學，在巴西的徐姓遠親。在聖保羅市開一家織布工廠，生意做很大，是當地有名的僑領人物，曾邀同學移民巴西一起打拚。於是他想結伴同往。

王舒想離家千萬里之外，只要能適應環境，無處不可為家，因此積極去學葡萄牙語。他這位同鄉因已結婚，而且有一個小孩，妻子依戀故鄉不願隨夫去，幾萬里之外的異地討生活，而打消移民的念頭。

他這位徐姓遠親是一位愛國志士，我國退出聯合國那年，舉國震驚，人心惶惶。而這位富僑把愛國的情操表現到極致，立即捐四十萬元美金給政府做後盾，令國人激賞，感念在心。

翌日，思佳和劉家姐妹去市場買菜，也開始自己煮食。她們回來時在車庫邊，見郵差送信來。莊先生接過信件，從褲子口袋掏出紙鈔給郵差。他向我們解釋說在這裡接到信，若不給郵差小費，以後就收不到信了。

他又告誡我們若要寄信，一定要到市中心的郵局投寄才安全，此地的郵差常會把貼在信封上的郵票撕下，然後把信丟棄。他說得自然，可是思佳聽了頭皮發麻，心裡想著，哪有這樣落後的國家啊！

第三天，莊先生帶王舒去市中心的銀行開戶，把帶來的美金存入，並兌換一些當地幣值做生活開銷用。

這天思佳洗菜、洗衣服時，水龍頭的流量卻很小，讓人洗得不痛快。劉家姐妹說，不會呀，我們早上洗衣時，水流正常，不小啊！思佳想怎麼我用水時，就不一樣呢？

第四天晚上，莊先生對王舒夫妻說，暫住他家，他不會收他們租金，也不會收水電費，但是也只能住幾天而已，不能久住。並建議王舒一家可搬到市中心，劉福泰先生的店裡暫住。他的房子比較大，再說呢，你們全家可在他的店裡學習，觀摩觀摩，怎樣做生意；總而言之，你們得盡快頂上一家店舖，趕快上軌道，才能安定下來。

老實的王舒聽了諾諾，陷入沉思。思佳見識到，這是莊先生對他一家下「逐客令」了。然而劉家住著卻相安無事呢！思佳想劉家人頭多，他賺得多，所以特別優待吧！既然已經上了賊船，危險重重，她不露聲色，只有冷靜而退，才不會把關係搞僵，再琢磨如何安全而退。

於是王舒一家像貓兒移窩似的，僱車把行李運往未可知的劉家去。

劉福泰先生也是竹東人，年紀不到四十歲，中等身材，體格健壯，為人海派，豁達開朗，非常親切大方。見到比他年長許多的王舒一家到來，笑臉迎人，熱情說歡迎歡迎。轉身忙招呼兩個八到十歲的兒女，過來認識兩位新朋友。同時介紹他婉約樸實的太太，都是同鄉，親不親故鄉人，

思佳對這善良的夫妻說，不好意思，才見面就來打擾您們了。劉太太夫妻立即幫忙把行李搬上二樓，劉先生客氣說，房子老舊，委屈您了，但可暫避風雨，您就安心住下吧！

劉先生的店處在三角窗地帶，是一幢兩層樓西式建築，外表看起來典雅古樸。樓下店面寬敞，木架上擺滿家用百貨，還有各種外形碩大的水果，以及牛肉攤。廚房廁所、臥房都在樓下，起居照顧店面十分方便。店門前是計程車招呼站，司機先生幾個人圍著打紙牌。店的兩旁是人熙攘往的街道，還蠻熱鬧。

樓上除了客廳之外，還有幾個房間閒置。思佳環顧周遭，房子雖寬敞，但已老舊不堪。牆壁上水漬斑剝，微微散發一股霉味。

這天晚餐，王家受到劉先生夫婦熱情款待。四個年齡相若的孩子，很快打成一片，不時聽到他們快樂的笑聲。

翌日莊仁義先生過來，帶他們一家去行政中心辦理「居留證」手續。這個行政中心很熱鬧，不時聽到來洽事的台灣人親切的交談，其中客家人似比閩南人多些。

他們一家四人跟著莊先生步入辦公室，讓辦事人員過目確認登錄。莊先生和王舒說，每人須繳交當地幣值伍佰元（台幣大，一比四）手續費。

思佳走出辦公室到前面廣場看看，不意碰到一位年輕客家人，他笑著跟思佳打招呼問，阿姨是台灣來的嗎？妳也是來辦理「居留證」是嗎？接著關懷問什麼時候到的？還習慣嗎？思佳問他是幫別人辦理的嗎？

他回說：「是啊！有兩個家庭，都是從屏東來的。」

思佳小心問他：「辦理『居留證』一人要花多少錢？」

這位年輕人誠實說，每戶五百元就ＯＫ啦！

思佳又問不是算人頭的嗎？是算戶的喲！他回說這是公訂的手續費，不是一個人伍百。正談話間，莊先生和王舒跨出辦公室，當他看到思佳和陌生人交談，便說辦好了，回頭招呼兩個孩子。

莊先生邊走邊回頭，看剛才和思佳交談的人，煞有介事，慎重叮嚀思佳說，王太太我得慎重提醒妳，這個國家很自由安全沒錯，但這裡也是龍蛇雜處的地方，在這裡妳不可隨便與陌生人交談，更不可說住在哪裡，做何營生；因為這裡有很多是在國內犯了法，被國家通緝的罪犯，為躲避政府的追緝，都躲到這邊來的！妳要小心。思佳聽他這麼說，也不吱聲，五個人一起上車回劉家。

思佳其實心裡有數，不吭不響，和家人回到劉家。這天晌午她正遇生理期，腹部隱隱作痛，就直接上二樓，躺在地舖上休息。王舒和兩個孩子，則留在店裡學習劉先生怎樣做生意。

中午勤快的劉太太端午餐上樓來，關懷問：「大姐好些了嗎？來，多少吃點東西才有精神。」她體貼安慰說，我看大姐心事重重，既來之則安之，等頂到合意的店，一家就可安定下來啦！

思佳被劉太太溫暖的關懷，感動得悲從中來，滿腹疑難委屈無處傾訴，她向心地善良的劉太太，推心置腹，吐露心聲。說自己根本不願，也不想來這遙遠的異域討生活；是丈夫聽親戚說，他太太一起教高中的同事林隆盛先生，經人介紹，辦了資遣，決定帶妻兒來闖天下。

仲介人說這邊的人民很善良樸實，很好相處，若頂個雜貨舖，拚個三兩年，掙了錢，就可移民澳州或美國、加拿大。說這裡是最佳的跳板，不只有台灣人來，還有更多的韓國人，趨之若鶩，爭相來佔位呢。

親戚說他一家四口，已經託莊先生辦妥手續，就等太太暑假辦辭職，就可以過來。思佳說丈夫以前他想去美國，沒有門路，既然有這道通路，何不試試看呢？

總之，都是為了孩子的前途，尤其那年美國片面突然與我國斷交後，他更是為孩子的未來憂心忡忡。他想到共產黨的厲害，口口聲聲要解放台灣，血洗台灣就不寒而慄；斷交後美國沒有義務，不再協防台灣安全。何況那邊搞文化革命十年，餘波盪漾，尚未完全消弭啊！說著說著淚流滿面，哽咽不已。

不料劉太太一把抱住思佳痛哭起來，她說自己在竹東老家幫人縫製衣服，每個月最少也有三萬元收入，生活安定無虞。但老公聽信莊先生舌粲蓮花，說這邊頂個店面，每個月可賺一千多美元，合台幣六萬多塊，何樂不為呢？

又吹說這邊既沒有颱風，也沒有地震，更沒有戰事，為了孩子前途和安定的生活，這裡是最佳選擇。其實我很不捨得離開家鄉哪！俗話說嫁雞隨雞，嫁狗隨狗，我只有跟老公帶孩子一起來。為了想家，思念台灣的父母，我常以淚洗臉，過了一年多，一切才慢慢上軌道。唉呀，想想只有隨遇而安了，不然要怎麼辦呢？

劉太太拭乾眼淚說，大姐妳看我們全家大小投入，每天工作十六個小時，忙了一個月也賺不到八百元美金，遠不如我做衣服的收入好。事實與莊先生說的，真是天差地遠，已經來了，又奈得何？

思佳她們在劉家住五六天，每天到店裡學習，多少有一些概念和收穫，越一天莊仁義來告知說，有一家不大不小的店要頂讓，叫他們過去看看。於是她們一家即搭莊先生的車前去。

這個小店鋪的地址，街名叫做「ㄇㄡ ㄍㄧㄡˇ」，猛一聽像客家話的「沒救」！在一所小學校旁，馬路兩邊都是住家，但在相距三百步遠，有一家韓國人開的店；相距這麼近，生意怎麼做？

到了那裡一看，店主人就是她們第一天到達時，在莊先生家見到的——吳老師。思佳心裡已了然一切。

王舒看這店面還可以，裡面有兩間臥房、餐廳、衛生間，前有個天井，可晾曬衣服；天井前靠圍牆邊是個沒房門的廚房，邊上有一扇側門，足夠一家四口居住。

當下雙方談妥條件，房租每月兩萬元，水電自付。開張後他的舅子，每天早上四點半來接王先生去市場批貨；舅子太太每天過來幫忙指導，他們如何應對顧客，等到他們熟悉進入狀況為止（說定一個月為限）。

於是從沒做過生意的一家人，搬離劉先生家。思佳和劉太太個性相近，相處融和，要離開時兩人雙手緊握，擁抱再擁抱，依依不捨。王舒對劉先生更是鞠躬再鞠躬，感謝他賢夫妻情義收留，直說三生有幸，沒齒不忘，。四個小朋友臉上也寫滿離情別緒，不停揮手說再見。

遷入新居次日，莊先生開車載王舒一家，去車程半個小時的林隆盛的店觀摩。林先生正值壯年，才四十一歲，太太很能幹，三個孩子兩女一男，長女已上初中，男兒居中。他們一家來了七八個月吧！一家大小西語已琅琅上口，他的店面橫寬不小，生意熱絡，全家都沒閒著，都已上軌道，應付裕如，看他們似很快樂。

店裡的雜貨名目種類繁多，家用百貨一應俱全，牛肉攤生意特別好，他們這邊的居民好像比較富庶，店裡還兼賣冰棒呢！

思佳問林太太，妳的住家離店鋪多遠呀？林太太抬一抬下巴說：「喏喏，就在對面很近。」思佳往前望去，那屋子是在一棵大樹旁，上面好像是鐵皮搭蓋的。思佳問可到妳家參觀嗎？

林太太一聳肩，客氣說：「別看別看，那只是間晚上睡覺的狗窩而已，很簡陋，很雜亂不能見人哪！」

談話間，看到一位四十左右的東方人，在她屋前的工作室搬動長方型的大冰塊。思佳對那位先生點點頭，算是打招呼。他回禮後也不說什麼，自顧悶頭幹活。思佳問這位先生也是從台灣來的嗎？林太太說他是一位內科醫師，姓羅是中壢人，還不都是為了孩子想移民澳州，放下身段來這裡製冰。思佳又問，他製冰沒有店面，那他一家人住在哪裡？

林太太說就是大樹旁那條小路進去，沒多遠，巷子裡面的房子比較大，租金也便宜些。思佳聽了噢一聲，表示了解。她們一家在林先生店裡待了一個多小時，才回去。

擇日正式做生意那天凌晨四點半，思佳目送丈夫跟吳老師的舅子去批貨。關上廚房側門再回房睡回籠覺。約六點她自然醒來，王舒回來從貨車上搬下當日販賣的貨品。有整條的牛腓力、高麗菜、萵苣、胡蘿蔔、洋蔥、蕃茄、雞蛋等。

天大亮後，他們已把所有的青蔬整齊擺在貨架上，兩個孩子也起床了，全家吃過早飯後，都到店裡等待客人上門採買。那位舅子的太太也過來指導，如何應對顧客，並教他們從一數到十的西語，其實青蔬名稱和數目字，王舒和孩子在劉福泰店裡已學會了。思佳用心學習，菜名都沒說錯，不算很難。何況這住宅的顧客，疏疏落落來消費，尚可應付。

吳老師說他舅子的太太來指導他們，其實只教幾句菜名後，就到天井去洗她帶過來的衣裳。到中午就回去了，而且下午也沒再過來，五天之後就推說自己店裡也忙，不再來了。

當地居民買鹽巴，不像他們在台灣整包買，而是一小包一小包地買。思佳她們就得把鹽巴分裝到小小的塑膠裡，砂糖麵粉也是預先分裝好。由這些細微處看，可知此地的民生非常落後，普遍並不富有。最特別是此地的野狗非常之多，經常十數隻成群結隊，浩浩蕩蕩在街道亂竄，非常嚇人；還有蒼蠅尤其多，揮之不去，店裡每天得攤開幾張粘蒼蠅的粘紙，令人不勝其煩。

王舒畢竟是年將六旬的人啦，從沒幹過粗活的他，每天起早去批貨，睡眠明顯不足，好在這邊的人民都有午休的習慣。中午一點商店全拉下捲門睡午覺，直到下午三點後，才會再開店門做生意。

一星期後莊仁義過來，看看王家適應如何？並介紹一輛燒瓦斯的二手車，鼓勵王舒練練車，以後自己開車去批貨，不必仰賴他人幫忙。王舒他有駕照，在台灣因上班近無需開車，所以他一直沒開過車。

趁午休時去練練也很好，於是兩個孩子興奮地坐上後座。莊先生坐副駕駛座，王舒雙手抓穩方向盤，吸一口氣發動引擎，車子即往前衝。不料這部舊車不聽使喚，一下子衝到行道樹前，就熄火了，把個莊仁義嚇出一身冷汗。

莊先生說，王太太妳年輕手腳靈活，妳來學比較快。於是他開自己的車帶他們去辦駕照。車行途中他說，你每人繳兩百元即可，不必親自去，於是送他們回家。他說明天會把新駕照送過來。

王舒有些納悶，心想天底下，哪有不必實地操作考試，只要付錢就可以辦妥駕照的事？真是天下奇譚。思佳明白這是莊仁義賺錢的另一途徑，便一笑置之。

這天早上王舒帶兩個兒子，到附近一所小學報名入學，同時買了新書包和白襯衫，藍色長褲的學校制服。孩子再過兩個月就放暑假了。父親幫他兄弟倆請兩個月長假，這都已荒廢兩星期了。

孩子上學後很開心，回家來向父母親報告，學校有趣的事和消息。他說這邊的學生數學都很差，我和哥哥每次都得一百分，同學都不識算，掰著手指頭數，也算不出答案。

但說到西語，兄弟倆就沒那麼得意啦。哥哥說以前聽人家講，唸英文字母叫A

BCD，同樣的字母，在這邊要唸成阿背ㄙㄟㄉㄟ，喔，好難喲！

這天早上兩個孩子，突然上吐下瀉，且輕微發燒，起不了床了。把思佳嚇壞了，這人生地不熟，語言不通，要上哪去找醫師哪！思佳要丈夫關上店門休息，立即去找莊先生。

思佳在房裡坐立不安，約莫過了四十幾分鐘，王舒和莊老先生回來。由莊爺爺帶路，他們從店門左轉走了十分鐘，到了大路口搭公車，去林隆盛先生店鋪那一站下車，穿過馬路，直奔羅醫師家。

羅家住的是鄉村式平房，前面有院子，房屋四周有圍牆，與外界巷弄隔離，自成一個小天地，不受侵擾。莊爺爺向羅醫師說明來意。羅醫師即拿聽診器，叫小傢伙掀衣坦腹，他細心診查後說，孩子只是鬧腸胃的毛病，有些脫水，想是水土不服，並無大礙，服藥打點滴就沒事了。

王舒夫妻聽了鬆一口氣。羅醫師取紙筆，把藥名和打點滴用的藥針、針筒器材名稱寫在紙上，囑王舒到外面街口那家西藥店買齊。

莊爺爺及時幫了王家大忙，思佳直向這位老爺爺道謝。他和王舒一起離開羅家，自己搭公車回去。

王舒買足所需藥品和器材，氣喘噓噓趕回羅家。羅太太熟練地把兩把木製坐椅靠床邊疊高，端杯溫開水叫兩個孩子服下後，躺在床上。羅醫師把吊瓶高掛椅子上頭，隨即把藥注入吊瓶內，針頭插入手臂，轉動調整滴量的接頭，就清楚看到滴液慢慢地，一滴一滴滴下，過了十幾分鐘兩個孩子即安然入睡。

這是第二次見到羅醫師，他是位剛毅沉穩，內斂的醫師，話不多。他說那天在林隆盛店舖前看到他們，心裡就想，一定是莊仁義介紹來的，他就裝做沒看到，所以沒和他們打招呼。

羅太太是位傳統的客家婦女，簡樸勤勉持家。她坦誠說丈夫為了想移民澳州行醫，只好先到這邊準備準備，看哪天時機到實現願望。

她說製冰賺不了多少錢，就是過渡時期吧！她嘆氣說全家來這裡一年多，中間羅醫師曾回台灣半年，在中壢親戚開的診所幫忙，再回來。兩個孩子也讀國小和初中，他們適應能力強，我仍過不慣這邊的生活，常常思念台灣的親友，聽著讓我感同身受。

中餐王舒夫妻就蒙羅家款待，羅太太把曬乾的高麗菜燉牛肉，肉爛味噴香，非常好吃。飯後王舒夫妻倚在兒子床邊小寐，三點多孩子從夢中醒來，臉色紅潤，精神好很多，雖然喊肚子餓，但仍不能進食。羅醫師吩咐晚上可熬薄稀粥，灑點鹽巴喝。

晚上七點多，點滴滴完，起下針頭準備回家。打擾羅家一整天，真不好意思，王舒夫妻感恩說，羅醫師是他們家的貴人，也是恩人，很感謝羅醫師倆熱誠懇的招待，才依依地離去。

這天思佳得空到附近走走看看，不意在距家約五百公尺遠的街角轉彎處，看到一家規模比自己店大些的店鋪。老闆娘一看即知是客家人，兩人照面點頭問聲好，思佳即入內與她攀談，她說是苗栗人，已來一年多，早就進入狀況，生意沒特別好，但還得去。

她好奇問思佳來多久了？思佳據實相告，說不到一個月。她關心問有頂到店鋪嗎？思佳回說剛接手十多天，還在摸索。基於是同鄉關係，她提醒說，妳和家人要特別小心喔，這裡的人民大多蠻善良，不會排斥我們外國人，但其中還是有一小撮壞胚子。

最近出現一個雙人組，趁店裡人少時，拿出萬元大鈔，說要兌換一仟元的。我好心點好十張仟元鈔時，另一個人走進來佯裝購物，我因此停下，先招呼顧客，他東西沒買即離去，前面換鈔那個人也匆匆離去。我回頭到櫃台一看，十張仟元鈔票已不翼而飛，上面也沒有那張萬元的紙鈔。我中了調虎離山計，追出門看，那歹人已無蹤影了。她氣呼呼地說，我一時疏忽，平白損失一萬元，真是不甘心！

聽得思佳頭皮發麻，心驚肉跳。她說大姐妳剛來乍到，回去和家人說顧店要非常小心，這裡太落後了，沒工作的年輕人遊手好閒，到處閒晃，趁機行竊，不得不防範，免得全家做白工。

思佳衷心感謝這位同鄉善意忠告，立刻奔回家，要丈夫和孩子小心提防。果然，第二天就有一年輕人，手裡揚著一張萬元紙鈔說要兌換仟元的。兩個孩子有媽媽的告誡在先，機靈地對那年輕人說：「ㄋㄡˋ ㄞ」（沒有之意），那位年輕人只有失望地與跟在他身後的同伴，一起離去。

「沒救」這條街，是在兩端有公車通行的大馬路中間。這天思佳出了店門往右轉，要去搭公車，到市中心附近的韓國店買食材。這間超市有豐富的東方食物，如豬肉、香腸、白帶魚、海帶、香菇等。思佳順便買兩包奶粉，放在提袋上面，這奶粉在店裡賣可賺30％利潤。

她回程經過一家服飾店，店裡的太太親切和思佳打招呼。一問知她是從新竹來的，在這裡已經兩年多了，說生意還過得去。她倆就站在攤位前聊了一會，思佳說不早了要回家啦！說著伸手去拿提袋，卻不見了，思佳慌了，右看左看都沒看到那裝滿食物的提袋。思佳拍一下腦門，嘆一聲「天啊！」她那袋食物是花了三仟多元買的啊！

思佳既心疼損失金錢，又懊惱，怎麼停下腳步跟人聊一下，整袋不輕的食物就不翼而飛，平白消失眼前？那位太太說是什麼時候被貪心的人摸走的？她忽恍悟說，對了，妳放在上面那兩包奶粉，吸引歹人覬覦啦！這奶粉很珍貴呢！

思佳像一個洩了氣的皮球，無精打采，步履沉重走回韓國店買食物。她忽慶幸自己身上多帶了錢來，不然這大半天，空手而回，怎麼對得起家人哪！

假日孩子不上課，兄弟倆和鄰童在外面玩耍嬉戲。不一會兒弟弟倉惶奔回家，高聲喊：「爸爸，媽媽，哥哥被人打出鼻血啦！」思佳立即奔出去，看到兩個十七、八歲的小伙子，急急走避。

思佳看到大兒子左手捂住鼻孔，鮮血汩汩從他的指縫流下。思佳心疼極了，立刻扶他回家，叫他坐椅子上，抬高下巴，拿濕毛巾覆在他額頭上，擦拭乾淨他口鼻上的血漬，過了一會兒即慢慢止血。

父親質問弟弟，才明白出事原因。總之就是語言不通，引起的誤會。王舒因心情不佳，不但不心疼孩子挨揍，反而責備孩子不聽話，惹事生非。

思佳很無奈，自己心裡有苦難言，孩子也苦，心裡毫無準備，即被父親帶到這幾千萬里之外的異域，好像掉落地獄一般，受到很大的挫折，只是沒表達出來而已。

這天晚上，八點多快打烊前，來了兩個客人說要買酒，孩子拿出一瓶，問是這種的嗎？對方搖頭，孩子另拿一瓶比較貴的酒給他挑，他仍搖頭說不是。

另一個說，他要買「威士忌」這是店裡最貴的酒。孩子取出放在櫃台上，說出價錢，沒待他付錢，冷不防，前面那個男子搶了酒瓶，雙雙衝出店門，飛奔而去。王舒一家四人沒料到顧客會出賤招，公然搶劫，都愣住。

大兒子怒不可竭，立刻衝出去追那搶匪，無奈天暗，他們動作又快，兩人一瞬間消失在蒼茫夜色中。大兒子氣得眼眶含淚，兩手握拳猛敲櫃台，大聲罵道：「這是什麼爛國家！」

王舒以驚訝的眼神看兒子，這才發現十一歲的兒子，並非只知嬉戲玩耍的兒童，他的心智其實已經能分辨對與錯的分際了，他以未能了解孩子心性而感到愧疚。伸出慈愛溫暖的手攬住孩子說：「兒子你不要氣惱，就當這是一種人生的經驗吧！」

小兒子雖然不吭氣，思佳也看出他對今天發生的事感到不安。因此全家人各懷心事，帶著不愉快的心情上床。

一天邱姓同鄉來看他們。關心問習慣不習慣。說著他告訴思佳一個壞消息。說一個苗栗同鄉夜裡遭小偷了。他說小偷是從屋頂上，把樑上的瓦片挪開，再從上面垂降鐵勾子，把他們當天營業收入的鐵盒子吊走了。他離去時一再警告思佳，要小心保護辛苦賺的錢。

思佳兩個兒子聽了他的忠告，兄弟倆不約而同抬頭望向櫃台上的屋頂。

王舒仍每天跟吳老師的舅子去批貨，因自己不會開車，他幫忙兩週之後。王舒乾脆就付錢請他幫到底。這位老實的年輕人，也很樂意不嫌麻煩，自己去批貨，還可順便多賺一筆酬勞，何樂不為呢！

這天聽北埔來的同鄉說，要大家小心，最近此地一幫騙子橫行，都趁店家快打烊時，藉買酒順手搶走高檔的「威士忌」。思佳心想我們早已身受其害了，只是沒空去告訴他們。他熱心說某某要回台灣，要寫信回家的鄉親，趕快把信寫好，託他帶回台灣寄發比較安全。思佳立刻把報平安的信寫好託他帶。

王舒一家在這兒做生意，不覺已滿一個月。晚上打烊後，王舒戴著老花眼鏡在燈下，結算帳表，可怎麼算來算去，一個月也賺不了五百塊美金，這個數目，與莊仁義當時所說的差距太大了。

他跌入沉思，他回想自己任教職，一個月的薪資就接近五百塊美金。老婆的年資雖淺，薪水每個月也有百十多塊美金，總加起來也比這四百塊還多。記得莊仁義給親戚的信上說，這邊的鄉親生意好時，每個月可賺一仟多元美金，反正他給親戚的信，每封都是報佳音。

後來又說大好時，某某一個月就淨賺一千六百多美金，合台幣六萬多，是台公職人員薪資的三倍多。莊仁義一再來信催親戚的太太，不要猶豫，趕快辭職過來賺大錢。最後他說竹東的某某，現在月入兩千美元，高興得不得了。

王舒太天真，以為莊仁義說的地方遍地黃金，俯拾即是，心動不已。於是他一邊勤學西班牙語，一邊提前在五十六歲辦理退休。就這樣他一頭栽入，反而比那位親戚先成行。

思佳比較冷靜，她說要眼見為憑，不能聽一面之辭，還是丈夫先去看看，了解那邊的實際情形再作決定。但王舒非要全家人一塊走，不要分隔兩地。思佳的待遇雖微薄，但可也是公家的鐵飯碗，她不願放棄好不容易謀得的工作。丈夫卻自作主張幫她遞辭呈，要她跟他一齊走。

思佳無奈，內心不願帶孩子去冒險。為了留後路思佳堅持把房子留下，而把鑰匙交給住在附近的親戚，託她每週去她家看看。

從沒幹過粗活的王舒，這一個月來身心俱疲，明白自己做了錯誤抉擇，但他死愛面子，不願在妻子面前認錯。這天他的心情跌到谷底，眉頭緊蹙，鬱悶難解。偏偏兩個不懂事的孩子，不知為什麼，兄弟倆相互打鬧，令人煩也煩死了。王舒幾次制止，他倆在店裡仍你推我攘，追逐打鬧。

他老爸一時情緒失控，大聲喝斥，伸手把他兄弟倆推出店門外，怒斥說：「氣死我了，出去出去，給我滾出去，永遠不要回來！」

兄弟倆聽了面面相覷，不明白父親為何生那麼大的氣，卻在做鬼臉。這時已接近打烊時刻，王舒看了他倆不在乎的表情，更是火冒三丈，怒目相向，大聲說：「不長臉的孩子，一點也不知體諒父母的苦心，出去！滾出去，永遠不要回來！」嘴裡嚷著順手把鐵捲門拉下，把還愣在當下的兄弟擋在店門外。

思佳望了丈夫一眼說：「孩子也沒怎樣，你把他倆推出門外是何道理？」思佳說著走到廚房側門要孩子進屋來。

王舒搶先一步擋住門板，不讓思佳開門。思佳推開丈夫說：「天這麼黑，外面風又大又冷，路上已經沒有行人了，你不擔心孩子嚇到嗎？外面野狗那麼多，你不怕孩子被野狗撕了嗎？」思佳說著忍不住掉下淚來。

倔強的王舒怒氣未消，大聲回道：「撕了，就撕了，都這麼大了，還不會看臉色，父母辛苦，心情又不好，他倆卻只知打鬧嬉耍，不知父母都是為他們好的一番苦心……」

「好，孩子你不愛，我疼。」思佳憤怒地說：「他們是我懷胎十月生下來的骨肉，你何忍把他倆推出門外受驚，受寒挨凍？他倆才幾歲的孩子啊！你捫心想想，你十歲大的年紀，是在父母翼護下過活，還是隨父母跋涉千萬里之外異域，忍受流浪之苦啊！」

思佳硬是把丈夫推開，開門出去尋找。她哈著氣，嘴裡不住地呼喚兒子，大聲喊：「兒子你倆在哪呀！」外面一片漆黑，遠近看不到一個人影。思佳著急，忍不住雙手摀住臉蹲在路邊，大聲哭起來。她順著圍牆邊，一路呼喊：「兒呀！你倆在哪呀！快回來啊！」

淚流滿面的思佳，張著嘴不停地呼喚兒子的名字，說你們不要害怕，媽媽愛你……結果,思佳終於在一戶人家大門前的台階,找到兩人相擁瑟縮在一起的兄弟。媽媽雙手扶起受到驚嚇的兒子,小兄弟倆的身體還微微顫抖。思佳把兩兒擁入懷抱,安慰說走,跟媽回去。爸爸不是不要你們,是他自己心情不好,不知道要怎麼樣才好。我們回家跟爸爸說,我們要回台灣,不要在這裡受罪,不要在這裡當乞丐。

兩兒抓緊母親的手,三人走到廚房邊門,門是虛掩的,手一推就進屋去。這才發現兩個兒子,兩眼哭得像銅鈴般紅腫,思佳心疼極了,趕緊燒水把兄弟倆頭面擦拭乾淨,叫他倆喝熱水暖暖快凍僵的身子,囑他倆去向父親道歉,才上床睡覺。

思佳把孩子安頓好,走到櫃台,發現丈夫一個人悶坐椅子上發呆。王舒畢竟是個男人,但他這個大男人,雖然明白自己處事欠思考,一古腦相信人家,才把自己搞到這進退兩難的局面,但他拉不下老臉向妻子認錯。這一個多月來,他終於覺悟了,一是自己比那些人年長,不適合靠體力勞動;二是自己帶來的資金不豐,事實擺擺在眼前,再這樣混下去,孩子前途無望;再者夫妻年老體衰,無力掙錢過活,將來全家就是死路一條,想到這裡他就後悔莫迭。

所幸妻子堅強,她是聰明人,早看出丈夫對此行的錯誤判斷,只是沒有勇氣向當初堅決反對的思佳吐露心跡。因孩子不能適應,在這絕望中他忽然開竅,萌生「不如歸去」的念頭。思佳看透他的心思，挨近身子堅定地對丈夫說：「我們回台灣……」

王舒臉色舒展說：「那這店怎麼辦？」思佳說：「解約，還給吳老師，他應不致刁難。」

思佳向心無城府的丈夫回憶說，還記得在機場入境時，為何全家被帶到獨立房間盤查？莊仁義又為何有那種怪異的表情，說是他行賄才得放行？這都是他故弄玄虛唬弄我們的技倆。

又在他家燒飯洗衣，為何水龍頭的流量滯礙不暢，這無非是要趕我們走。還有去市行政中心辦「居留證」為何每人要交五百元？當初他是帶我們的護照，說向此地政府辦了永久居留證，每人需繳費七百二十元美金，然後教我們登報遺失，再重辦新護照，說前本護照有注記不能用。然而我們到了這裡，又要再繳一次辦居留證費，這不是剝人兩層皮嗎？思佳堅定說，我敢肯定我們的前本護照根本沒有註記，他如此說，只是掩飾自己賺巨額仲介費的事實而已。

很顯然他收每人七百二十元，就是自己所得的「仲介費」，他擔心露餡，怕我們了解太多，因此處處製造不可測的詭譎氛圍。警告我們不可與陌生人交談，無非是怕我們在別人處聽到正確的訊息。思佳說，你回憶一下，記得我們剛頂店那天下午，路邊看到一位客家老先生嗎？他問我們從何處來？我回他是竹東。他又問是何人介紹來的？我答莊——他一聽臉上露出不屑的表情，輕蔑地說：「是他喲！難怪喔！」

這些那些，都是可疑的問號，還有上週去吳老師舅子家店，他說最近時有搶劫發生。一天有兩個男子結伴，欲搶他櫃台上的收銀箱。當時妻子在後面煮飯，歹人看他一個人顧店，大膽行動。他說自己還算機靈，馬上操起旁邊的大木棍，朝那兩個賊人揮去，對方一看瞄頭不對，抱頭鼠竄而去。

他一邊向我們述說當天的遭遇，心有餘悸，一邊從牛仔褲口袋掏出一把短槍。他既忿怒又驚懼地說，為了自保，前天去買一把手槍回來，防範未然！

思佳當時想，在這裡做小生意，竟要用手槍來保護自身的安危，這種日子她不要過。所以當下她即下定決心「退店」打道回府。思佳問丈夫，你有覺悟嗎？打算怎樣？

在王舒心目中，大家都是好人，他這種個性被人玩弄股掌之上而不自覺，這會兒聽了妻子一番分析，他忽然開竅，大徹大悟，目光堅定地說：「好！我們回台灣！明天我去銀行領五仟美金出來，去訂機票。」

這天上午思佳接到弟弟的郵件，信上說，姐一家離台後，母親非常思念姐姐和兩個外孫，我們全家都很想念你們。我們兄弟商量之後，向電信局申請按裝電話，這樣姐姐就可以打電話和媽媽、兄弟們說話啦。

思佳激動地讀著信，不住輕呼：「媽媽……」，止不住淚水直流。她離開台灣，到今天剛好滿兩個月。她不心疼花出去的鈔票，心中只求神明，保佑她一家能平安回台灣。

下午莊先生開車來看她們。她開店兩個禮拜後，他就回台灣招攬同鄉，他一回來，卻聽說王舒要回台灣。思佳請他跟吳老師表達原委，她們該付的不會欠，但只盼房子讓她們住到離去，房租一毛不少，會照算給他。

莊仁義當下很錯愕，說同鄉們來這裡打拚，到現在還沒有人回去的。你們已經花了昂貴的機票和居留費用，不留下來很可惜。因此要她夫妻慎重考慮，再做決定，免得將來後悔。

王舒展顏說，當初決定出來，是為了孩子的前途著想，現在決定回台灣，也是為孩子的前途著想。出來之前我們並沒有跟孩子說要去哪裡?去做何事?現在我們在這裡親身體驗，深深感到完全不能適應這裡的環境。這個決定是我夫妻深思之後所做的決定，所以要麻煩你和吳老師說明，請他多多包涵。

當晚吳老師和莊仁義連袂過來，談店舖退還事宜。除冰箱外，其他家具項目和店裡的存貨，王舒一一算清楚，該付錢的全付，吳老師認為可以接受。吳老師臨去時，伸手抓抓腦袋瓜笑說：「這樣的結果很圓滿，也算是我們緣份一場啦！很好很好！」思佳由衷感謝吳老師的體諒。

王舒請吳老師轉告其舅子，說從明天起，他就不必再來接他去批貨了，並謝謝他這一個多月來的幫忙。

既已決定去留，王舒懷著輕鬆的心情，去市中心旅行社訂回台機票。但尚未確定歸期，當時沒訂。他隨即撥電話給在台灣，私校擔任校長的同鄉摯友。這位知己朋友有一雙兒女，他去年暑假就把讀中學的孩子送到美國，住在親戚家當小留學生。寒暑假他再飛去美國探視兒女。

當他聽王舒說，孩子不能適應環境，要回台灣，他立刻說那就趕快把孩子帶回來，工作你不要愁，我七月聘你當專任老師，你放心回來吧！

王舒聽了，好友的允諾，好像吃了顆定心丸，到底是心靈相契的知己朋友，及時伸出援手。

回到家，王舒把這好消息告訴妻子，夫妻倆情不自禁，高興地擁抱起來。兩個孩子中午下課回家，看店門緊閉，從廚房側門按門鈴。他兄弟倆一起進屋，王舒歡喜告訴孩子說，待在這裡我們不習慣，爸媽決定全家回台灣生活。孩子一聽雀躍歡呼，說這樣我們又可以去新竹，看外婆和舅舅們啦！

午後，林隆盛夫妻第一次來看他們。思佳從廚房側門請他倆進屋裡坐。林太太一看屋子寬敞，還有個天井，而且廚房還貼瓷磚，她羨慕地說，妳這裡好棒喲！比我們那邊好百倍，住著多舒服啊！

可當王舒告訴他倆，他決定回台灣時，雙雙瞪大眼睛，不敢相信，當下楞住。林先生說我還沒聽說有人來了又回去的！他關心問回去後一家子怎麼辦？思佳說房子還在，有房子安身，其他的一切好辦，我可以幫人顧兩個孩子，一個月也還有萬多塊收入，生活絕對沒問題。思佳微笑說，但她沒告訴他倆，孟校長要聘王舒當專任教師的事。

談聊間，林太太忽悠悠地輕嘆一聲，算你們聰明有留後路，還可回頭，像我們大夥當初都是連根拔起的，已經斷了回頭路！怎麼回去？

思佳說對了，我們回台灣不能把家具帶回去，到時廚房用的鍋盆盤碗、瓦斯爐、雙層床和雙人床，妳若不嫌棄，全部送給妳。林太太含羞說，床就不用了，我們那裡房間狹隘放不下，鍋盆盤碗和瓦斯爐就給我好了。

第二天聽人說，英國和阿根廷在福島開戰，鄰國人民，都惶惶不安，害怕被波及；又聽聞當地幣值一日數貶。王舒立即去銀行，想把存款提領出來，但銀行規定一次只能領五百美元。王舒天天去領，後來一次只能領兩百元；幾天之後卻只能領到三十塊美金了。

這天下午一個胖嘟嘟的年輕人，忽來找王舒，他一見到王舒即親切地喊：「老師！老師！」

王舒並不認識這位年輕人，正在疑惑，他馬上自我介紹說：「老師，我是板中畢業的學生，姓陳名祥，單名叫陳祥，耳東陳，吉祥的祥。」

王舒從沒在板橋高中教過書，他想這年輕人可能錯認了。王舒也不說明，將錯就錯吧！在這千萬里之外的異域，有人這麼親切地稱他老師，覺得很意外，也感到無比的溫暖。王舒便問你來這裡多久了？做什麼生意啊？

陳祥略顯興奮地回說：「我來這裡快三年了，跟兩位朋友合夥在市中心開一家旅行社。那天我回旅行社看到您的背影，很像我高中的老師。朋友告訴我，您是來問機票的，住在『沒救』我這就過來找找看，很高興被我找到啦！」

他接著說，老師您打算什麼時候走，若不急於一時，我建議您過幾天再訂，說不定會比較便宜。現在英國和阿根廷在福島開戰，鄰近國家多少受到影響，金融貨幣一直在波動。他說老師出門在外，能省則省，目前一張全票仍在千元左右，過兩天若下降，我再來找老師，說著他對王舒恭敬一鞠躬，揮手離去。

思佳望著他離去的身影，心裡想，怎麼有這麼熱心的好人哪！

第三天傍晚，陳祥又翩然而至。他跟老師說今天的機票，全票是八百三十元美金，未滿十二歲的兒童有一些優惠折扣，比前幾天便宜很多，老師可以訂啦。

於是陳祥向老師詳細說明，搭機行程和停靠機場。早上九點從這裡起飛，到阿根廷的「愛麗絲布誼諾斯」機場，約十二點前，旅行社安排在市區中國餐館吃午餐。

餐後直接去市區內的「玫瑰湖」參觀，再到阿根廷總統府前，十三條車道的「七月十三日大道」參觀。晚餐後九點起來，中途在「秘魯機場」加油，再直飛加拿大的「溫哥華」早上抵達，那邊會安排旅客坐遊覽車，到市區附近景點做一日遊。晚上轉機飛日本在「成田機場」再轉機飛回中正機場。

王舒非常感謝陳祥詳細的解說，心裡有些概念。晚上夫妻決定預留幾天，帶孩子去幾個景點和博物館看看。然後再去向對他倆幫忙的同鄉們辭別。

翌日，王舒已確定返台日期，即去找陳祥把機票訂妥。然後到銀行把剩餘，領不出來的美金結算，開三張支票，即注銷帳戶。

吃晚餐時他忽有所感地說，這真是奇妙的因緣，在我們最需要幫忙之際，陳祥突然出現。我沒在板中教過書，陳祥認為我就是教過他的老師，而誠懇熱心幫老師跑腿，這無形之中，讓我們省下七百多元美金，嗯，這個年輕人好心，將來會得到很大的福報。

思佳感恩地說，陳祥就是老天爺派來的天使！

這天王舒去學校，為兩個孩子辦理退學手續。即帶家人去看劉福泰夫婦。當劉先生聽到他們要回台灣，先是一愣，然後問確定了嗎？思佳說機票都訂好了。她坦白說一家人不能適應這裡的生活環境，只有回台灣。

可是劉太太一聽思佳要回台灣，眼淚就像斷了線的珍珠滴下。一手把思佳攬在懷裡，哽咽說：「大姐我真羨慕妳要回台灣去，我想回去也沒路了……再說老劉也沒臉回去見父兄，我們只有耐心蹲在這裡，過一天算一天，不然還能怎麼辦？」

思佳聽了眼眶也濡濕，她安慰劉太太說：「妳們在這已經有些基礎了，語言也嫺熟，夫婦倆還年輕，劉先生身體硬朗，有本錢打拚，過幾年掙了錢，孩子也大啦，到時候就可以衣錦還鄉了，不是嗎？」

劉家對王舒一家有恩，因此王舒帶妻小專程來向他夫婦辭行。四個小朋友開心玩在一起，並在此消磨一整天，才依依不捨告別。

自台灣娘家裝電話後，思佳就趁一家人同去市中心之便，撥長途電話給母親。當思佳聽到母親那熟悉的聲音時，未開口就哽咽，喊一聲：媽媽……便說不下去了。她和母親說，全家將於六月二十六日回台灣。母親聽了很高興，說將和弟弟到桃園接機。思佳叫等在身邊的孩子過來叫阿嬤。

當他們經過一家中餐廳前，思佳入內找鐘有德老闆。他是思佳在韓國超市購物時認識的，兩人萍水相逢，他熱心告訴思佳很多這邊的人事物，兩人談得很愉快。思佳想這樣的好人，她要回台灣應該向他說一聲。

鐘老闆乍聽思佳要回台灣，他說一般來這邊打拚的，幾乎沒有再回台灣的。思佳坦誠說我丈夫當初相信介紹人說這的情形太好，才決定過來。這迢迢千里之遙，我們一家人親身體驗之後，感受此地並非介紹人所說的那麼好，落差太大了，與事實何只千萬里啊！何況兩個孩子非常不快樂，我們大人因失望而失去鬥志，深思熟慮之後，還不如歸去，免得擔誤孩子寶貴的求學時光，所以決定了。

思佳說回台機票已訂妥，歸期已近，特別來向您辭別。鐘先生關心問，那妳的行李都原件帶回去嗎？思佳說有些物件已送給同鄉了，其餘的只有帶回。

鐘老闆建議思佳，說妳可以把帶來的毛衣、服裝賣掉，換鈔票比較省事。思佳經他善意的建言，猛然想到，說的也是啊！鐘老闆又問，妳的棉被是純棉彈的嗎？思佳回說，是，三床都是全新的。

鐘老闆說這樣好了，這三床棉被妳讓給我吧！

結果這三床棉被，他折合台幣每床兩千元成交。思佳說被套奉送。鐘老闆很乾脆，當下折合美金交款，約定她們搭機當天早上七點半，鐘老闆開車過來載回。

第二天，思佳拉起鐵捲門，把幾件毛衣和洋裝，以及孩子的花襯衫擺上，賣了。兩天下來毛衣和洋裝全賣掉，只剩幾件花色淡雅的襯衫。王舒家又多了些收入，也少了一些負擔。

一切準備妥當，了無牽掛。王舒遂帶妻兒到附近，同鄉建議的景點，走馬看花，也算不虛此行吧！

當然王舒一家也到林隆盛店裡看看，並提醒他夫婦別忘了去載回盤碗。傍晚他們到羅醫師家辭行。羅醫師賢伉儷非常熱誠留他們吃晚飯。羅醫師熱心說，你們不必搭公車回去，我送你們回去，路上好聊聊。

思佳感恩羅醫生為兒子治病，無以回報，這就要回國，沒什麼貴重的禮物餽贈。思佳選了兩本心愛的散文書，送給他做紀念。因為她認為所有的老鄉，都為生意忙碌，跟本無暇也無心欣賞散文之美。看來只有羅醫師夫婦才有這高尚的涵養，這就算送對人啦。

晚飯後約七點整，天色已暗下來啦。羅醫師即開車送王舒一家回去。車行到一處人車稀少的路邊停下。羅醫師說這裡比較安靜，我們可以聊聊。

他說王教授，我很佩服您夫妻的勇氣和果決，決定回台灣。很多同鄉來了，發現不如想像的理想，卻沒勇氣回頭，只有苟且在這裡過一天算一天，我實在很同情他們。

我的職業專長是內科醫師，將來申請到澳州移民，希望比較大，比他們做生意的容易些。雖然目前的狀況並不如人意，但我的目標明確，意志力也堅定，將來一定會成功。

王舒說澳州比較歡迎，學有專長的醫事人才，羅醫師您很幸運，正合他們移民的條件。我在這裡預祝您水到渠成，一家人早日成行。

羅醫師客氣回聲，謝謝您的祝福。

他突然嘆口氣說：「那天下午看您帶著妻兒來林先生店，即知一定是莊仁義介紹而來的。但您的年紀似不小，他以前介紹來的差不多在三、四十歲上下的年輕人，可以勞動。而您看起來是一位文雅的讀書人，要幹這行苦力似不宜。當時我心生惻隱，不由暗道：「又一個被騙來的……」，因此，當時我避免跟您們打招呼。

後來您的孩子因水土不服來找我，我們才略為談了一些；了解大家都是為了下一代的前途，才遠離故鄉的苦衷。那年若中美沒斷交，相信我們也不會出走，您想想看，誰願意離開自己出生的家鄉，到異域去吃苦受罪啊！

王舒一家和羅醫師在車上談了一個多小時，他關心問王舒回台灣有何打算？王舒把羅醫師當知己坦白告訴他，同鄉校長要聘他當專任教師，生活沒問題。羅醫師說那就好，然後說，我看你太太氣質很好，可知是位很有智慧的女性，也是個人才吧！

王舒聽了掩不住內心的歡喜說，當初我若聽妻子的話，就不會把自己弄得這麼狼狽啦！可惜她只記得二十六個英文字母。

羅醫師聽了笑說，教授您愛說笑。好了不多談了，看孩子都快打盹了。於是發動引擎，說送君千里終須一別，就此祝福您全家一帆風順，平安到家。

六月二十六日這天，思佳起早做了早餐，一家吃過，即把盤碗收拾乾淨，把要給林太太的物品全裝入紙箱。並把三床棉被捆綁好。全家穿戴整齊，一切準備就緒。七點整鐘老闆準時過來戴棉被，思佳說被套也是全新的，鐘老闆向她夫妻點頭，說謝謝，祝你全家一路平安。

半小時後，林隆盛夫妻到達，即把思佳送他們的餐具和瓦斯爐搬上車，一直等到莊仁義來接他們赴機場，才依依揮手離去。王舒把鑰匙交給莊先生，請他還給吳老師。

莊先生看行李只有三件，比來時少了一半，他沒問，思佳也不說。就這樣，她們一家上車前往機場。

長江三峽暨黃山記遊

民國九十年三月底四月初，我和外子參加學校同事，及其家屬共二十二人，組團到桂林做五日之遊。時在春末夏初之際，氣候涼爽宜人。桂林山水素有甲天下之美譽，山峰奇特，風景秀麗，行程不長，大夥玩得盡興而歸。

七月初旅行社的導遊——小王，又來學校招攬團員，組團到大陸「長江三峽及黃山」做十日之遊。校內兩位年輕女老師，和一位男老師夫婦，以及我夫妻共六人參加；其他十多人皆是小王在外面招的，男女老少連我們共二十二人，決定七月十日出發。

初春恕兒與友曾去義大利自由行兩週，因行程緊湊，回家來一直喊：好累好累！我倆年紀大，去外國旅遊不方便，還是去大陸玩比較適合。語言文字相通，風格類似，飲食相近，而且不管到任何名勝古蹟，都是書本上地理的記憶，悠久歷史文化的重溫，沒有隔閡，親切又溫馨。

七月十日下午一點半，全體團員在台北集合後，坐遊覽車到桃園中正機場搭機，飛到香港「赤臘角機場」轉機。六點多起飛，於晚上八點十分安抵「重慶機場」再坐小巴進入市區。

重慶市比台北大三倍，人口八仟多萬。重慶市為一大盆地，處處是幾十層的高樓大廈，如雨後春筍拔高聳立。重慶市也是大陸有名的三大火爐之一，夏日均溫在三十八度以上，但見市民人手一扇，男人多赤上身圖涼快。重慶市有「三多一少」典故，名為山城，山多、橋多、階梯多，因階梯多，故腳踏車極少，是為三多一少。

我們在「小天鵝飯店」吃晚餐。餐後搭中巴到位在江邊，昔日「蔣中正和宋美齡」的行館參觀。此館格式簡單，擺設樸實素雅，室內家俱保存完整；蔣中正居室內有一地道，通往他處，是為逃生之道。地陪講解時說，這些「繁體字」都沒改！我聽了不舒服，回他說，「我們一直是用傳統的『正體字』是你們簡化了，倒嫌我們『繁！』我聽了很煩耶！」他立刻陪笑說：「不說繁體，說『老體字』可以吧！」我微笑說尚可接受。

我們大夥從行館出來，但見江邊五光十色的霓虹燈閃爍，燦亮如同白晝，迤邐至江邊盡處，的確壯觀迷人。我們佇立江邊俯瞰重慶市無邊絢爛的夜景，流連忘返。

大陸搞觀光有一套，台灣太拘謹，望塵莫及。地陪待客周到親切，口才一流，對當地的民情風俗、地理人文和歷史典故，瞭若指掌，精闢嫺熟，令人佩服。雖已晚至十點，景點處仍燈火通明，遊人如織。每到一個景點，另有解說員介紹，讓遊客神領意會，賓至如歸，盡興又滿意。

我們夜宿四十五層豪華五星級之「萬毫大酒店」每到一處，地陪親切奉上一份當地名產，禮輕意重。酒店貼心招來服務小姐幫我們換鈔，方便之至。唯台幣貶值後，不若遊桂林的四比一實惠了，無形之中每人多了一些負擔。

七月十一日早餐前，四位年輕的同事，起早已到附近逛一圈回來，並買一些當地的水果。我們八時前坐中巴到江邊碼頭集合，在此上船，搭「黃鶴號」總統級遊輪，沿長江東下。

「黃鶴號」遊輪是武漢恩佩絲旅遊公司，與香港勝致公司及上海程華財務諮詢公司、武漢神峰公司合資經營，為四星級遊輪。一九九七年下水，算還很年輕呢。

此輪船高五層，底層為廚房、庫房、儲房及員工房等。第二層為大廳、咖啡廳、商務和客房，第三層中間為櫃台及中餐廳；兩旁的咖啡座可飽覽兩岸旖旎風光。我們住第三層，用膳最方便，不必上下樓。第四層有「夜總會」伴唱廳、客房。最上層為「陽光甲板」有洗髮廳、按摩廳等，一應俱全，方便之至。

船身長九十一點三米，寬十六點四米，航速為三十二公里。上有兩間總統套房，一間豪華房。容客量為二百五十二位，員工有一百二十位，幾乎等於是一對一服務。船上台灣遊客八十八人，加上美、澳、英、德、加的遊客共一百一十二位。船上另有健身房、閱覽室、酒吧、咖啡廳、商務廳和醫療等設備，設想周到。

上船安頓行李後，十點鐘遊客聚集到夜總會，聽取船長做簡報及介紹各單位高級幹部。一位年四十幾，長相端正的男士（山東人）他就是船長，他對我們表示竭誠歡迎；一位年輕貌美的小姐，她操流利的英語介紹，以及乘客應注意事項等。

午餐是中菜，非常豐富，每餐每人有一杯啤酒或汽水。啤酒比台灣的順口，無苦澀味，好喝。之後我每餐喝一大杯，唯憾中餐菜，味比較鹹重些。第二天發現腳背有些腫脹。之後每餐請服務小姐，為我準備一碗熱開水給我「洗菜」之後腳背腫即改善。

在船上行走如履平地，不覺得是在坐船。午餐後已走了五十二公里。遊輪航行寬闊的江上，沿途可清楚看到江邊兩岸的住家，山巒連綿，高低起伏，風景絕佳。

江邊有很多銜接的浮動小船，仔細看，它卻沒有移動，原來那是江上航行標示的航道線，等於是大馬路上的行車道線。

途經聞名的鬼城——「酆都」船停下，我們下船上岸。地陪小姐貼心送每人一把小巧的「檀香折扇」天氣很熱，正需此物搧涼。我本來備兩把折扇，出門前竟忘了帶。

我們乘小索道上山遊覽，纜車徐徐而昇，山壁上標有警示一百三十五公尺，是明年水壩水位上升位置；待二〇〇九年長江水壩完成後，是一百七十五公尺高，到了那時「酆都鬼城」已被淹沒江底了。

此地大小廟宇很多，建築雖老舊，但各具特色。看導遊小王為他祖母超渡，每件兩百元人民幣。我和維經也要為往生的親長超渡，他忙取紙筆寫上父母和髮妻永英姐的名諱；我則寫上祖父母和雙親的名諱，付四百元交給廟祝辦理。出來時在「奈何橋」前拍照留念。

出了廟門，遠眺對岸高處皆是新建的高樓城鎮，櫛比鱗次，原來都是政府蓋給淹水區人民遷居安身的，可見政府設想周到。我們下山後上船時，員工在大廳備妥溫濕毛巾給擦臉，並奉上一杯茶解渴，讓我們感到體貼又溫馨。

晚餐船長請我們喝香檳，用高腳杯，不好端，就怕一個不小心把它摔了。飯後梳洗清爽，全齊集到四樓夜總會，觀賞員工才藝表演，及穿著各服務單位的服裝走秀；男女員工各個儀態萬千，自然優雅，舞步生姿，節奏緊拍，不輸專業的「麻豆」讓我們大飽眼福，贏得熱烈掌聲。

因白天行程節目緊湊，晚上睡得很安穩香甜。七月十二日，一覺醒來不覺船已過了萬縣。當播音傳來「奉節」兩字，一剎時好像置身〈三國演義〉中。遊輪航經情勢最雄偉險峻的「瞿唐峽」迤邐而到「巫峽」沿途奇峰連綿，峭壁夾岸，目睹湍急的江水，翻滾飛濺，真是驚心動魄，驚險萬狀。遊輪在這江上擺盪顯得渺小，行走其間似大山擋路，但一個轉折，瞬間峰迴路轉，豁然開朗，卻是仍在一江之上，咆哮的江流似一頭猛獸，變幻莫測，令人目不暇給。

我們聚集船頭及兩邊走道，觀賞這大自然無形力量和變化多端景象，既讚嘆又驚懼。據說沿途有十二名峰，我們僅目睹「仙女峰」的真實面貌，其他的都沒看清。

此時天上忽然降雨，我們身穿雨衣或撐傘在船艙的甲板上觀看，但見長江兩岸煙雨濛濛，山坡上匯集的雨水，如瀑布般奔流而下入江，江面上的江水則更加黃濁。晌午時分雨稍歇。兩岸山巒飄著雪白雲霧，一波一波湧移，真是美極了，令人有如置身仙境，飄飄然之概。

中午抵「巴東」不覺低吟李義山的〈夜雨寄北〉我們一直跟著古代詩人腳步在遊長江。「瞿唐峽」、「巫峽」各有各的特色絕美，奇險雄偉，只可惜我們的相機不是廣鏡的，不然拍下秀麗的山川景緻，當更加美不勝收。

午餐後下船，換中等平底船溯神農溪口，每人身上穿橘黃色救生衣，在大太陽下熱翻了。到達小溪口再換八人坐的小木船，由四名船伕搖槳，溯溪二十公里。溪水清澈，沁心涼透。傳說中有雪人的「神農架」長（深）六十公里，今只進入十公里。兩面山勢高聳，懸崖峭壁，鬼斧神工，地形險峻，風景奇佳，是中國國畫的活題材，若非要趕去看長江水壩工程，這裡太涼快了，誰捨得離開啊！

我們由小木船回到溪口，再回到平底船，終於回到遊輪上。擦把臉喝口水，上岸搭車去看號稱「世界第一」的長江水壩工程。

三峽大水壩位在湖北省宜昌市三斗嶺。宜昌被選上為築壩地點，乃因此地段江面寬闊，而且本地盛產花崗岩，可就地取材，取之不盡，用之不竭。大水壩之功能有十大效益

一、防　洪
二、發　電
三、改善航道
四、南水北調
五、灌　溉
六、觀　光
七、水產養殖
八、改善氣候
九、環境生態保護
十、促進工農生產

宜昌市是詩人屈原的故鄉，也是茶聖陸羽和王昭君的故鄉。昭君像、白帝城、屈原祠（在秭歸）武侯祠、八陣圖等名勝古蹟，都將因水壩完成後淹沒江底，永不見天日了，嘆呀太可惜了，真是有建設就有破壞，難兩全其美。

西陵峽另有三遊洞古蹟，即白居易和弟弟白行簡，和元稹三人賦詩處；之後有宋代蘇荀父子、蘇軾和蘇轍三人賦詩，人稱「後三遊」是也。

我們下船後搭車，於六點參觀三峽水壩工程。全票人民幣一百五十元，七十歲以上及孩童半票八十元，八十歲以上敬老優惠全免，外子正年滿八十得全免享優惠。

長江水壩於一九九九年始建，預計將於二〇〇三年發電，二〇〇九年竣工。其工程費之浩大，始無前例，但僅百分之九貸款，餘百分之九十一，為全國人民每戶電費每度出幾毛錢而來。而其自二〇〇三年發電之後即開始有收入，至二〇〇九年竣工後，再一年二〇一〇年即開始賺錢，所有貸款將還清。

其工程之浩大數全世界第一，再者他國僅有二十一個組機發電，長江水壩則有二十六個組機運作。將來上水的輪船，上水樓梯有六個階，每階需注水二十米高，六階上完需時兩小時半。貨船則已用電梯方式進入上游。

水壩全部工程費人民幣二點零三九億，合美金二百五十億。聘用外國工程師，集十五國精英三百位。工地遼闊，一望無垠，工人住房連綿數公里，有如一個城市，工地每天有兩萬四仟人在工作。

岸山頂上有一高幾百公尺之「壜子嶺」在上面可俯瞰整個長江水壩及其周邊城市。此地名「三斗坪」有一個立體簡報圖模型。外國人來參觀，解說員用英語講解，日本人來參觀講日語，中國同胞來參觀，就講中國話，詳細周到，令參觀者非常滿意。

我們參觀完乘車回船，於九點才吃晚餐。餐後有團員再上岸到宜昌市夜遊，九點船上有書法表演。

七月十三日早餐後，船續往「西陵峽」前進。約九點半船已行至「葛州壩」此壩為中國人自己設計建造，建造於一九八〇年。蓄水量六點八公尺，內有候船六艘。水放至四點八公尺高，即開閘門。等候出閘前，可見前方陸橋上行人、機動車、腳踏車、挑擔人行走其上，清晰可見。開閘門時上、下水位平，船出閘順流而下，龐大遊輪隨水流順勢滑下的霎那，船上遊客見此情景，興奮得大聲尖叫，生平所見，驚叫讚嘆聲連連，久久不歇於耳。

十點半廣播，遊客依房間號碼輪流進入二層樓之駕駛艙參觀。午餐後略事休息，三點半下船，每人頸上套一藍色圖型牌。回船圖型若貼齊，即表示沒人逗留岸上。

我們工農六人很自然行動一致。參觀「荊州城」但見城牆上旌旗飄飄，頗有官兵駐紮氛圍。看到關公當年坐鎮的房舍，裡面牆上盡是後人刻鏤的古詩詞。我在外面攤商為外子買件花色典雅的短袖襯衫。然後再坐車到「荊州博物館」看看出土不腐之「遂姓縣太爺」屍體，其陪葬物和絲織品仍完好如故。博物館外表宏偉，綠瓦藍檐，莊嚴醒目，裡面卻陰森森，令人不舒服，不想多看，提前離開。

回船晚餐後，九點半在夜總會開惜別晚會。船上男女員工分別穿著各式民族服裝，表演民族舞蹈及歌劇，以娛佳賓。大夥表演結束後，我隊黃如卿老師留下邀外子跳「恰恰」─外子虛歲八十有一，是全團裡最年長者。看他陶然忘我大跳恰恰，很有精神，同隊黃老師忙著為他（她）拍照。他們沒料到，內向沈靜的王老師會跳屬年輕人的勁舞，黃太太則笑得前俯後仰，並使力為之鼓掌；我則笑的猛擦眼淚，按住肚皮。外子長得隆鼻大耳，眼睛卻斯文，皮膚白裡透紅，穿件粉色條紋襯衫，跳起舞來很搶眼，引得全隊大小興奮地猛拍手，大叫「安可！安可！」

對了船上早餐中西合璧，有咖啡、牛奶、果汁、稀飯、麵包，要吃荷包蛋，立等就有，中西菜餚很豐富可口。

七月十四日，早上船長宣布，說因連日下雨後長江水漲船高，遊輪無法通過長江沿途的大橋，因此原預定在武漢下船的，但下游不宜，改在沙市鎮碼頭下船，再搭車赴武漢。下船之前，我們獲知北京已取得二〇〇八年「國際奧運賽」主辦權，大夥聽到佳音，萬分雀躍，鼓掌歡呼。

臨別依依，下船時員工分立兩旁歡送我們，直到岸邊。我們很感動，頻頻揮手道再見。

我們這團二十二人，坐上三十人座的中巴，要走七十五公里才抵漢陽。地陪小姐原是位老師，月薪七百多元，改行當導遊後，月入可達兩仟元以上。小姐很樸實，脾氣很好，親切有禮，口才一流，一路介紹當地風俗很詳細，很受團員激賞。

原來武漢是大陸三大火爐之一，夏天高溫達四十度以上，但官方最高只報四十二度，因超過此數據說全市不上班。一路上兩邊風景，不是田園就是果園，或是稻田和荷田，風光明媚怡人，目光所及，綠油油一片，非常養目。

漢陽、漢口、武昌之地形呈直立三角形。武漢是商業區，漢口為工業區，武昌則是文化區，大學有三十幾所，市民文化水平高。漢口人笑武昌人窮酸，武昌人則譏笑漢口人市儈氣，沒有文化！地陪說數天前帶台灣團，頻喊太熱吃不消！笑問我們感覺如何？我們還沒來得及表達感受，說著說著，車窗外淅瀝嘩啦下起傾盆大雨。這種雨大陸叫做「暴雨」一剎時街道淹水，車子有如陸上行舟，好在行程不受影響，準時到達目的地。

我們下車去參觀「歸元禪寺」此寺內有四百九十尊，面貌姿態各異的羅漢像。據說一對父子在彼刻了七年的羅漢像。父親亡故後，半年之後其子也身亡，但是還有兩尊尚未刻成。接手的師傅不知要如何刻另兩尊聽道的羅漢像？福至心靈，最後乾脆把印象中的刻像父子給刻上，完成四百九十尊羅漢像。

我們聽了覺得不可思議，也很感動，合該那對父子倆一片虔敬和毅力，辛苦刻了四百八十八尊羅漢像，受世人尊敬，未了自己和兒子也被刻上，並列其上受人崇拜。

因下大雨又逢中午尖峰時刻，到處大塞車，不巧我們坐的車，偏偏在長江一號橋引道上拋錨，又很不巧停在內車道上，車流更是無法順暢。我們焦急在車內苦等，一小時後，接駁的車輛才趕到，我們立即換車，到達飯店吃午餐時，已是下午兩點多啦！

午飯後，為趕行程，馬不停蹄趕到「黃鶴樓」參觀，樓是重修的，高九層，爬上五樓共一一二階，另四樓不開放。站在黃鶴樓上遠眺，一邊是晴川，一邊是漢陽，望江水之浩渺，令人思古幽情——晴川歷歷漢陽樹，一下拉到眼前，不免低吟崔顥的〈黃鶴樓〉詩句：

> 昔人已乘黃鶴去，此地空餘黃鶴樓；黃鶴一去不復返，白雲千載空悠悠。
> 晴川歷歷漢陽樹，芳草萋萋鸚鵡州……

而我最喜歡的是後面那兩句——日暮關山何處是？煙波江上使人愁。

據說詩仙李白遊武昌登黃鶴樓，原想題詩，但看到崔顥的〈黃鶴樓〉詩句，自嘆弗如，因此擱筆。後來他到了金陵鳳凰台時，作了一首〈登金陵鳳凰台〉後人評他依然翻不出黃鶴樓的章法。鳳凰台我最喜歡——「三山（註）半落青山外，二水中分白鷺州」這兩句。站在古人行吟之地思古人，詩人對大自然的喜愛和敬畏，有感而發，灑脫豁達的胸襟，洋溢的才華，為世人留下雋永優美的詩篇予後人分享，真是太偉大了。

晚餐在漢口吃「魚宴」在彼為孫兒買兩套衣褲。夜宿五星「香格里拉飯店」六樓。晚上撥電話給兩兒，還蠻實惠，每分鐘才四元，合台幣十三元，比台北撥過來便宜。從飯店窗口望出去，竟然看到「高雄大酒店」的招牌，感到很親切。坐車路徑處發現有「永和豆漿店」恍如人在台北。

七月十五日早上遊「古琴台」即俞伯牙和鍾子期相逢之地。步入園區那悠悠如訴如泣的古箏樂音，絲絲入耳，心想子期若沒遇到伯牙，他不會因過度用功勤讀而早逝。他倆因高山流水的音律，心靈契合引為知音，高貴的情誼，令人千古崇敬懷想和不盡的惋惜。好一個「此曲終兮不復彈，三尺瑤琴為君死……」伯牙彈罷滿懷悲愴，把琴給摔了謝知音，多麼令人感動淚湧不捨啊！

下午我們大夥去遊「東湖」的屈原之「行吟閣」入門即見高大聳立的屈原立身塑像。據說東湖比西湖大八倍，因開發晚，故沒有「西湖」名聲響亮。我不免要問，怎麼「西湖」在東，而「東湖」反而在西呢？讀歷史我就被東漢和西漢搞糊塗，孰先孰後，費思量。

在東湖僅遊十分之一就出來，同來不怕迷途的四位老師，每人花三十元大膽雇船去遊湖。我和外子不敢冒險，待在賣場乖乖等候他們。無聊買幾瓶「珍珠膏面霜」算不虛此行。稍頃見他們平安歸來，才放下一百個心。

一天半的行程，漢陽、漢口、武昌都親澤了，行色匆匆，到此一遊；長江一號二號橋也走過，而令人聞之色變的「大火爐」叨天之佑，及時降下甘霖，紓解燠熱。

午後趕赴武漢機場，搭三點的飛機，預定四點二十分抵達黃山機場。起飛後因黃山機場下大雨，有濃霧視線不佳，不能降落，因此飛機臨時改飛到杭州「筧橋機場」等候。著地時四點五十分，我們耐心在機上枯等，待黃山那邊通知，於五點半獲得允許，再起飛到黃山機場，六點二十分終於順利抵達黃山機場。

所幸機場距我們下榻的「黃山國際大旅館」很近。晚餐後，年輕的團員紛紛結伴去逛，距旅館兩公里遠的「明代建築老街」我兩個老人體力比不得年輕人，一路玩過來有些吃不消，早早洗浴睡覺，天亮後又有一番跋涉，不養精蓄銳怎行？

翌日早上，我們全體團員的行李集中寄放旅館大廳，只帶輕便背包。在二樓吃過西式早餐，回房刷牙，服過藥，準八點搭車上黃山，路程七十五公里。

黃山位在安徽縣，這裡也稱做「徽州」。徽州自古以來被譽為「文藝之鄉」、「古蹟之寶」此處地靈人傑，出了很多名聲響亮的名人，如胡適，是積溪人，還有胡雪嚴、奇女子賽金花、周恩來等。

徽州派的建築特色是——黑瓦白牆，馬頭牆；黑白色在青山綠水中特別醒目，予人安詳恬靜的感覺。木料建築外包石灰防火，屋高窗大。有道看「皇家建築」看北京；看民間建築看徽州。因徽州人會做生意，當官者少，一般人做生意賺了大錢，好讓子弟多讀書，故房子都蓋馬頭牆，因為官者皆騎馬。有道：「一人不讀書，就是一頭豬。一家不讀書，就是一窩豬！就是考場放個屁，也給祖先出個氣。」因此徽州人非常重視教育，而出了很多對國家社會有貢獻的大人物。

因前一天剛下過雨，因此空氣特別清新。坐車沿著山邊馬路前進，一邊旁著水流充沛潔淨的屯溪。遠近山形嵯峨秀麗，稻田邊東一叢西一叢的孟宗竹，姿態優雅隨風款擺。村舍是醒目強烈的對比，黑白牆明代古建築，看起來是那麼地寧靜和諧。有趣的是，此地的稻作，有的剛收割，有的才珠胎暗結；而有的正在插秧呢！而那秧苗不是台灣巴掌長的，卻是一尺多高的，看在出身農家的我，真乃一大奇景，嘖嘖稱奇！

下車後，我們聚集在上山入口處排隊時，地陪發給我們每人一隻土黃色，寫有「黃山留念」墨字的枴杖。等半小時才坐上可容納四十五人的索道，約二十分鐘抵達山頂。在索道車廂俯瞰腳底下，曲折的人行步道，崎嶇陡峭，不輸泰山。但見步道上花紅柳綠，遊人如織，有背包健步的年輕人，有家族扶老攜幼的，有背娃兒牽女的，好不熱鬧！

抬頭往上抑望，即看到「仙人下棋」奇景，一會兒朝下看，他們又像仙人拱手朝拜，總之一個景，你以不同的角度看，它都會有所變化。黃山遍佈怪石奇峰，古松和如海濤之綿密的雲霧，一波一波湧過來，讓你目不暇給，有如置身仙境，飄飄然而忘我。

出了索道，一行往「黃山獅林飯店」前進，路徑名為「西海」、「北海」的飯店。在路旁有棵高而茂盛的黑松，名為「迎客松」此路一路下台階，不遠又履平地。路邊每隔兩百公尺，即有一個水泥砌的「垃圾池」但裡面幾乎沒垃圾堆積；因沿途有兩百位清理人員在工作，所以黃山遊客雖絡繹不絕，但四周環境卻非常乾淨，令遊客身心舒暢，賞心悅目。

山上所有食物，皆由八百名挑伕運上山來，沿途有往上運建材鐵條等的；有往下挑床單毛巾等的。為保持黃山環境不受汙染，山上除飛禽野生動物外，沒有雞鳴犬吠，這方面他們做得很徹底，令人敬服地方政府的行事魄力。

您若認為挑伕很辛苦，肩挑重擔翻山越嶺，心生憐惜的惻隱之心，會質問何不用索道載運上山，既省勁又節省時間呢？錯了，那八百多位挑伕豈不就失業沒有生計了，一家老小要吃什麼？仔細想也是啊，這就是神聖的「工作權」嘛！

午餐之後大夥又走回頭路，一路往上爬，在「迎客松」處往左拐去觀賞「夫妻松」和「豎琴松」因下雨雲霧飄渺，能見度僅二十公尺。為了安全我倆沒跟大夥下去看其他景點。回獅林飯店時已傾盆大雨。據說黃山就是這樣，一會兒晴一會兒雨，雨後林木更顯青翠欲滴，周邊霎時充盈著，瀰漫著氤氳之氣，它穿梭林間樹梢更顯神祕，繚繞的氛圍更富詩意，令人遐想非非，跌入陶然忘我之境。地陪說黃山峰峰都是寶，沒有雲霧還有「靈芝草」，黃山若不下雨，就沒有雲霧，若沒有雲霧，它就不叫「黃山」了，所以經常是「晴時多雲偶陣雨」的氣候。

晚宿飯店，因空氣濕冷，一宿沒睡好。

七月十七日，六點五十分早點後，目送十三位五十歲以下年輕體健者，手拄拐杖走前山下山，全程需時五至六小時，那邊有「飛來石」等多處景點。昨日傍晚下大雨，他們冒雨去看「猴觀海」啥也沒瞧見，敗興而歸。今早我夫妻和一位年七十的太太，她攜兒孫和我倆一同去觀賞「猴觀海」幸今早太陽露臉，我們很幸運看到那猴兒垂首看眼下白茫茫的雲海，開心極了。

歸途遇到大陸一家攝影隊，大費周章請挑伕把所有器材運上山，瞧他們剛擺好腳架方位，要一顯身手；不遠處大片烏雲慢慢擁移過來，說時遲那時快，轉瞬間烏雲蔽日，大雨隨之掩至。他們為工作方便沒穿戴雨具，一霎時個個被淋成落湯雞。我們幾個老小相扶持一腳高一腳低，小心翼翼摸回飯店，取出背包，於九點正下山。

導遊小王沒陪他們年輕團員走前山，特別留下來陪我們幾位老人婦孺。我們坐索道下山時，陽光乍見，昨日上山沒看清楚的景色，重新看一遍，印象更加深刻難忘。許多遊客一出索道，即把上山時仰賴的第三隻腳「枴杖」丟棄。我隨手撿拾五枝，用手娟間隔兩頭綁實，帶回家做紀念。

黃山景緻撲朔迷離，瞬間千變萬化的雲海，如詩如畫，如幻如夢的神秘，令人遐想遄飛。據說名畫家劉海粟十上黃山作畫，最後一次長駐四十天，完成五十幾幅得意名作。他極富愛心，當年香港有「小野貓」之稱的紅星——鍾情（本名張玲麟）她曾主演多部膾炙人口的電影，讓人留下深刻印象。

鍾情很有繪畫天賦，為圓畫畫夢想，當紅時退出演藝圈，進入大陸拜劉海粟為師學畫。老師擔憂她學畫沒有收入會餓肚子，於是畫了四五十幅十六開的小畫送給她，教她帶在身邊。當時她心裡想：老師為何不送一幅大的畫給我呢？老師特別囑咐她，說妳在大陸遊歷畫畫，哪天要是沒錢買畫材，或沒錢吃飯，就把老師給妳的畫拿一張去賣，這樣就不會挨餓了……。啊原來如此，受人崇敬，悲天憫人的胸襟。

這是很多年前，我在中央日報副刊，讀到鍾情自述身世的文章時，才曉得老師愛她如女的感人事蹟。

我夫妻和少數年長婦女及孩童，下山來即搭乘等候的小巴，直驅桃花源等候，早上由前山出發的伙伴會合吃午飯。我們把背包放在依山而築的飯店四樓。出來走走意外發現一尊，自由行旅遊先驅「徐霞客」的立身雕像，立即找人幫忙拍照留念。

此地就是「桃花源」走到溪邊，發現溪裡的石頭皆呈乳白色，而且溪水裡也沒有游魚，打聽後才知這溪水有礦物質，因此水中沒有魚和其他生物。傍溪崖邊有一條古老小街，十數家商店販賣香菇、靈芝等土產。抬頭望，見峭壁上刻「大好山河」四個字，這又是我和外子的意外收穫，當然要拍照留念囉！

近一點鐘，那十三位走前山的伙伴，坐小索道（兩人座）自山頂而下。大夥吃過午餐即參觀DWC黃山風景製作工廠。我花三百元人民幣，買下一套六片黃山四時變化的景緻，帶回家慢慢回味。出來時在階前看到一叢稀有的「墨竹」，坐車回「黃山國際大飯店」，晚餐後梳洗罷，一夜好眠。

七月十八日，早上參觀歙縣的「鮑家宗祠」、「七座八故事」的御賜碑林，以及「節孝碑坊」。再轉往「潛口古民宅博物館」此處有十數座明代建築物，原貌原物整座從別處遷移過來。房屋都是木料，雕樑畫棟，雕刻精細的花鳥栩栩如真，所有木製家俱和窗櫺等，房屋結構的大樑大柱全是粗壯畢直的白果樹，亦即銀杏樹，因其有苦味且質密堅實，最適合作建築材料，永不怕蟲蟻蛀蝕。

「潛口」即是陶淵明發現的「桃花源」原址，後人以此紀念他。

中餐後參觀「胡開聞」製墨工廠，我和外子在胡開聞半身銅像前留念。黃如卿老師訂做一塊，廠方為她特製的「徽墨」。下一站是逛「屯溪老街」此街長一公里，兩面商家堆滿土產，還有賣文房四寶的，我為賢兒買一刀宣紙及兩斤乾豆角。四點集合到黃山機場，算正式揮別美如仙境的黃山了。我們拖著疲累的身體，滿滿的回憶告別。

因班機誤點，延至晚上八時才飛抵廣州市。該市正籌辦全國運動大會，道路處處在整修，車輛又多，旅行社的車無法開到機場接我們。大夥拖著行李，狼狽步行八百公尺遠，到停車場等候。

趕到「花園大酒店」時，我們都累趴了。晚餐面對香噴噴的烤乳豬和豐盛的粵菜，已沒有氣力去享受了，更別說去逛街，只得待在旅館把行李弄妥放在房門口。

次晨七月十九日。據地陪說酒店從沒這麼早為旅客備早點，是特別情商提早六點十五分，我們才有早點吃。我們這團成員，有好多位在廣州做生意，留下不回台灣，因此全團只剩下十五人。

吃過早餐於七點坐車往機場，到香港赤臘角機場，再轉搭十一點三十分的國泰班機，飛往桃園中正機場。一同旅遊相處十天的同伴，就要分別了，大家依依不捨，互道珍重。我們工農六人於午後回到台北。

註　三山，指北固山、焦山、紫金山。

三代恩情留心間

我的高祖世仁公無子嗣，僅生一女，閨名王妹，招婿陳石龍公，育有兩子三女。雖然有了孫輩，世仁公仍感遺憾，因此領養守笠入嗣。他即是曾祖母的弟弟，但祖父要稱他為「叔」而不喚舅舅。

守笠叔公太教漢文，育三子（么子早歿）五女，長女在家隨父親教書，其他四女自小皆出養。守笠叔婆太三十多歲就守寡，長子家井夫妻不願奉養母親，分家時配到後背山的老屋跡；次子家振奉養母親，分到老家全部住房。

家振叔公長姐的幼子秋岳（註一），據云八字帶「弓箭」不宜和父母生活，必須出養為宜。叔婆太想家井長媳生一雙兒女，皆在三、四歲夭逝，要她收養秋岳。但她嫌棄帶弓箭的孩子，會尅父母而拒絕。

守笠叔婆太即把秋岳給家振叔公撫養。家振叔公婚後三年，叔婆生一對龍鳳胎，惟惜女兒因缺氧而夭折，家振叔婆這一生僅生一胎。叔婆善良賢慧，侍奉婆婆，教養兩個兒子。

我母親在十七歲的除夕日，來歸父親。三年後大姐出生時，祖母已往生八個月了。家裡雖有個小婆婆（祖父之妾）但她並不關心這個長媳，所以一點忙都不吝幫。

母親初為人母，一切生疏，多虧住在左耳房的叔婆太伸出援手，教導育嬰經驗。家振叔婆年紀長母親幾歲，兩人常一塊上山砍柴、菜園種菜，或去挑砂石掙錢，像姐妹一般，相處和偕融洽。

不願奉養母親的家井叔公，分到後背山的老屋跡，因出入上山下坎不便。家井叔婆竟涎臉，央求家振叔公借幾間房給她暫住，豈料「暫住」竟成永遠霸佔。

家井叔婆的子女夭逝後，她沒再生育。後來看到秋岳叔長得健康，聰明曉事，反悔當初拒收養。她的心胸狹隘，不見得人好，竟向侄子挑撥離間，說秋岳叔不是家振叔婆親生的，並說自己是如何地喜歡他！

家振叔公原在竹東郵局上班，後赴新竹一私人牧場任職。秋岳叔讀小五，興郎叔讀小三時，叔公舉家遷往新竹。叔婆太不願離開老家，沒隨奉養她的家振遷出，獨留老家自理生活。叔公就得常攜兩子回鄉探望母親。

家井叔公雖然住在隔壁房，但他從沒和母親說過話，當然也沒向老母親噓寒問暖，照顧起居囉。他夫妻倆對母親的冷淡漠視，令我們晚輩不得其解，很不以為然。

我父母每天不是上山工作，就是到三里外的田間勞動。母親把幾個稍大的兄姐留在家裡，請叔婆太費心，幫忙照看，小的就背在身上，又要挑擔，非常辛苦。

我小學畢業時，叔婆太已經七十幾歲了，她不再去公館（芎林街舊稱）購物了。若有需要買肉或魚，她一早坐在石階頭，看到過往的族人，就託他們順便代買。

我們家貧窮，除逢年節或王爺生日，須買肉奉祀，幾乎很少上街採買。家井叔公常幫人殺豬，不殺豬時，他也天天上街找人打嘴鼓（聊天）但他從不問母親需要什麼，幫她買回來。我和二姐看在眼前，私下啐他是「不孝子！」

母親把叔婆太當婆婆般孝敬，感念她老人家對我們家照顧很多。母親蒸「水粄」時，一起鍋趁熱，就差我送給叔婆太嚐嚐；四月初八「浴佛節」母親挫「米篩目」撈起過冷水，趁還軟滑時注入烏糖水，端給她老人家享用。叔婆太常誇母親勤快俐落，讓母親聽了很感動。

叔婆太是非常聰明的長者，口德很好，我沒聽她說過責備別人的話，她總是和顏悅色稱讚他人的長處，令聞者心生歡喜。她雖然不識字，但頭腦清楚，記性又強，不用翻月曆，就能說出哪天是初一，哪天是什麼節氣，毫無差錯，令人欽佩。

民國四十六年夏，三弟邦相（註二）突患日本腦炎。父母親帶他，奔向住在牧場宿舍的家振叔公求援。叔公在危急之際，掏盡衣袋裡的所有錢和積蓄，要父母親急送省立醫院急診。一方面去向開「竹元中藥舖」的家象叔公借來九百元，送到醫院給父親應急。

相弟幸有叔公愛心的濟急，借錢急診，住院治療，才化險為夷。那時正逢暑假，秋岳叔每天中午為父母親送飯，照顧相弟，讓一身疲憊的父母，回叔婆家洗浴。兩星期後，相弟康復出院返家。

民國四十七年夏，家振叔公為母親做八十大壽，殺大豬拜天公還願。他一家人都要回老家祝壽，母親叫我和妹妹於頭一天，到新竹幫叔公看家。初冬我北上工作。秋岳叔曾回鄉執教，和祖母相伴，這是叔婆太感到最溫馨，最甜蜜的時光。

翌年夏，家井叔公得肝病去世。

五十二年農曆年後我返鄉，才得知八十六歲高壽的叔婆太，已於年前往生了。我走進她老人家陰暗的臥房，站在門邊，望著那空蕩蕩的八腳床，悲傷得淚水直流，我好想念阿太！

民國六十年元月六日（農曆十二月初十）才六十一歲的父親，因肝硬化臥榻四月驟逝。那時我才結婚三年，二弟邦朝在金門服役；邦相、邦福兩弟才唸專科一年半，下面兩個幼弟一讀國中，最小的國小五年級。娘家本來就貧窮，父親這一撒手，更是雪上加霜，令母親徬徨不已。

家振叔公聞耗回鄉，看到我們家悲慘狀況，跟興郎說：「金雲身後淒涼，但孩子不能中途輟學，奠儀要多包一些。」於是大方包了五百元。真是大，因那時一般是三十元而已。

我們一家大小都很感謝，叔公真情相惜，因為他也非富裕的人。那時叔公已從牧場退休，在一家「神學院」當園藝，修剪花木，工資微薄。他就在神學院前租一小屋，和叔婆倆經營一個小店舖，掙些小錢貼補生活開銷。

六十五年底，二弟邦朝要訂婚。母親來台北找叔公借錢籌聘金，我陪母親同往。那時興郎叔已結婚，在泰順街買一公寓，把雙親接來奉養，並照顧孫輩。叔公老人家也沒多少積蓄，有的也只是兒子孝敬的零花錢而已。

母親視叔公是救星，開口問他借三萬元。叔公坦白說，我沒那麼多呀！這時我才知道六十四年娘家起屋時，已經向叔公借三萬元啦，僅還一萬元，也就是說還欠他老人家兩萬元呢。

叔公有心幫母親忙，但無能為力。叔公撓撓頭向母親說：「阿娥，我這裡只有一萬元可用。」然後他把目光轉向我，說：「阿玖子，這不足的兩萬元，妳得想辦法。」

當年維經舉債娶我，這三年債還沒還清，父親臥病，加上剛遷宿舍，維經還向同學借錢來整理，才勉強遷入居住。所以我們一直沒有分毫積蓄，原先加入一個五百元的互助會，就等拿末會來還整理宿舍的借款，這會兒我只得花利息，提早標來給母親應急了。

興郎叔幸有父母照顧三個孩子，無後顧之憂，夫妻倆打拚有成，即在興隆路買下一樓房。這個新社區樓高十二層，設備完善，有寬敞庭園，花木扶疏，父母出入不必爬三樓，並且可在院內散步健身。

豈料喬遷不久，叔公就生病了。叔公一向節儉勤勞，凡事隱忍，也許他的身體早就有症狀了。待上醫院一查，竟得大腸癌。立即住長庚醫院準備動手術割除，叔公是AB型血，動手術必定要輸血。二弟邦朝聽說即北上找我帶他去醫院看叔公，準備輸血給他。後經醫師評估，考量叔公年近八旬，或病情不宜動手術，而作罷。

白手起家的興郎叔，經營一家小型食品公司。他白天上班，晚上趕到醫院照顧父親，蠟燭兩頭燒。那時他的哥哥秋岳叔一家已移居美國，一時趕不回來，無人可替換照顧父親。我二姐夫保章，看在眼裡，他說晚上他來照顧叔公，讓興郎叔回家休息，別累壞身子。

同病房的患者問姐夫，你是老先生的兒子嗎？姐夫答說不是，他是我岳父的堂叔，我要稱他叔公。那人說你們關係那麼遠，還來幫忙顧喲！姐夫說，話不能這樣講，關懷長輩是不論親疏的，我岳父母受他們兩代恩情，我來照顧叔公，是應該的，算不了什麼。

七十六年六月，叔公藥石罔效，終於撒手人寰。失去一位慈愛的長輩，我們哀痛不已。叔公往生後，母親北上來看叔婆，兩位喪偶的長輩，相對淒然，令人不忍卒睹。

誰也沒料到，這兩位情同姐妹的兩代人，竟是見最後一面。母親七十八年中風後，臥床兩年，於八十年初夏也往生佛國了。

八十二年我和三弟在鄉下合起新屋，打地基一次要付四十多萬元鉅款。我當時雖有10%利息的定存單，差幾個月才到期，我若中途解約，利息只能以活存計算，損失很大。七十七年想在竹北買地，跟大姐商借伍十萬元，碰一鼻子灰後，再也沒膽向人借錢啦！

但是起屋打地基很重要，不能因我缺錢而擔誤。於是我厚著臉皮，大膽開口向興郎叔商借。沒想到他那麼信任我，立即匯四十萬元到我銀行帳戶，馬上幫我解決迫在眉睫的難題，我心裡充滿著感恩之情。

叔公往生後，我常去興隆路看叔婆。她的孫輩都上學去，叔嬸倆到公司忙生意，叔婆一個人在家很寂寞。我去看她，可聊聊住鄉下時的往事，她把我當女兒般疼愛，常常背我去看客家採茶戲，令我終身難忘，我趴伏她背上的情景。

叔婆恆常坐在客廳沙發旁的木椅上，椅背掛著一袋秋岳叔一家在美的生活照。她思念遠方兒孫，每天就這樣重複看著兒孫的相片，填補她內心的空虛和無盡的思念。我看了感觸很深，正如俗諺所云：「母親想子長江水，兒子思親擔干長。」

八十三年二月十六日，也就是農曆除夕之前，叔婆身體微恙住進和平醫院調養。數天之後她安詳辭世，這雖是她很大的福報，卻也留給我們無盡的思念。秋岳叔在美聞耗，匐匍返台奔喪，送母親最後一程，盡人子孝思。

為紀念先父百歲誕辰，我趕在九十九年，父親農曆冥誕之前出了《紙寮窩紀事》一書，了一樁做兒女對父親懷念之心願。

一百年春，秋岳叔從美國返台，他到麗水街來看我和維經。我奉上拙作《紙寮窩紀事》他驚喜說，他在加州和一些熱愛中華文藝的朋友，常聚會切磋。曾感嘆，小五時隨父母離開紙寮窩老家，這輩子最令他懷念的，就是在紙寮的童年歲月，可惜年代久遠，怎麼努力回想，也寫不出故鄉的輪廓。現在妳幫我完成心願，我好感動，終於可以從妳描繪的書中，找回那珍貴的童年記憶了。

他說著說著，從衣袋掏出六百美元給我，說：「這是叔叔讚助的一點心意……」我忙推辭，說這書款早已付清，岳叔不必破費。沒想到他竟板起面孔，認真說：「妳若不收，以後我就不來了！」維經看他那麼真誠，說這是叔叔一番心意，就收下吧！

興郎叔長我一歲，我每次去興隆路看他。辭別時他一定送我過馬路，陪我等二五三公車，目送我坐的車發動才回家。

一〇二年秋岳叔（長我四歲）嬸回台，定居於竹東鎮。我只要回芎林，一定找一天去竹東看他倆聚聚，叔嬸每每要留我吃午飯。辭別時，嬸嬸一定裝一袋各色水果，要我帶回，推辭不掉，只有遵命接受。而叔叔就背著這袋水果送我到車站候車，直到車子開動，他才回去。

我常想，秋岳叔嬸婚後跟本沒和公婆同住，可嬸嬸她怎麼那麼像叔公叔婆，那麼疼我們？這只能用「緣份」來解釋吧！我們家蒙受阿太、叔公叔婆、兩位叔嬸，三代人的關懷疼惜，我們只有把這天高地厚的恩情，永銘胸懷，永誌不忘。

註　釋

註一　秋岳，筆名劉欣如，著有九十八本佛教書籍，翻譯英、日文書籍一〇三本。

註二　見《否極福來》書中之〈可怕的日本腦炎〉篇。

恩師——鄭煥先生

去年六月我第五本書《親情融融兩相惜》出版了。我特別向九五高壽的鄭煥恩師奉上，邀請他分享我的喜悅。他接過驚訝地說，妳又寫一本了，慈祥的臉上滿是歡喜的笑意，說，玫香妳真厲害。

九二高齡的師母，接過新書翻閱裡面的相片，說記得前年（民一〇六）妳才剛出一本《堅忍修得一世緣》裡面放一張我們帶孩子去野柳玩的相片；還有一張是零三年妳到楊梅看我們時拍的彩色照。她開心說，玫香妳真有心哪，把我們的相片放進書裡面了。

《堅忍修得一世緣》裡寫的是自己在台北工作九年多的經歷小傳。而這本《親情融融兩相惜》是寫政府開放大陸探親，外子在離鄉五十二年後，聯絡上家人，得以返老家一家團圓。書裡簡述這三十年來兩岸親情互動的實記；雖然夫婿已於民一百年往生佛國了，但他走了之後，我仍隔年去大陸探親，一如他在世時，享受親情的天倫之樂。

當我向恩師倆告辭下樓，他的長女，也就是當年我到楊梅高山頂初訪恩師時，那位表情有點靦腆，倒茶待客的小女孩，如今已做了祖母。出了電梯門她感性地說：「玖香姐，妳真是有情有義的人！這都過了五十多年，妳還常來看望我爸媽，我好感動呦！」

我說我這個人沒有別的長處，就是對我有過恩惠的人，都會放在心上，永銘不忘。想想我一個僅讀小學幫傭的女孩，當年若不是恩師的提攜，送稿紙鼓勵我寫文章投稿，今天我哪能寫出五本書來啊！令尊就是我一生的貴人，也是我的恩師。

她聽了赧然說，我姐弟妹多人沒有一個遺傳到父親寫文章的基因，說來慚愧！

我說寫文章大概不須要靠什麼基因吧！我想就是自己心裡喜歡的事，認真去做就對了。妳們雖然沒有寫書，但接手父親一手創立的《台灣養殖雜誌出版社》也算是傳承父輩的文化事業了，不是嗎？

她聽了粲然一笑，說玖香姐很會安慰人。

想我少年失學，在紡織廠做過「併條」的作業員；到台北做過餐館端菜的服務生，後來為了解決食宿問題，沒有別的選擇，只得去做家庭幫傭，直到結婚才辭工。

無緣讀初中，在新竹鄉下家裡也沒別的書籍可讀，小學畢業後，沒幾年就把學校所學的，全部交還給老師了。直到民國四十九年才接觸到報紙，我把中央副刊上的文章當做書本閱讀，把副刊上的作者當做導師，向他們學習。讀了幾年副刊後，也許吸收有消化，自覺程度進步了，有時候讀到一篇短文，覺得這樣的文章，我也會寫呀！但也只是心裡這樣想而已，卻沒有付諸行動去嚐試。

直到民國五十五年，某日讀到鄭煥先生在中央日報副刊連載的《茅武督的故事》「茅武督」三個字用客語唸，好像聽過。為了求證，於是大膽寫信請副刊編輯先生轉交作者，我很快得到作者圓滿的回信。

他是位古道熱腸的作家，把我這個陌生的讀者當做朋友，通兩封信後，即鼓勵我習寫文章投稿，並且緊迫盯人，寄一刀稿紙給我。受到鄭先生熱誠的激勵，腹中無甚墨水的我，就硬著頭皮學爬格子，索搜枯腸，湊了兩篇幼稚的小文，奉上請鄭先生修改潤飾。

在等待他覆函的日子，心忖：我何不試寫身邊的瑣事，練練功夫呢？絞盡腦汁，於是寫成〈我愛副刊〉投寄中央日報副刊。沒料到這不到千字的短篇小品，四天就見報，令我欣喜若狂，記得當時深恐丟人，沒敢留下真實姓名和通訊處呢！

鄭先生讀後，來信恭喜我，叫我再接再厲。於是在四個月內寫的小文沒被退稿，連中數篇，說來我真是太幸運啦。鄭先生來信說每篇他都有讀到，並且戲說：玖香，我看中副的編者，好像認識妳囉，怎麼連連投中啊！

可惜婚後，因流產調養身體，沒打鐵趁熱繼續投稿。

之後幾年接著育兒，忙家務而荒廢執筆。六十四年還跑去國中夜補校進修。當年孩子幼小，外子晚上在夜大兼課，孩子乏人照顧而常請假。翌年偶然得到學校編制內的工友職，白天上班，晚上進修，非常辛苦，但魚與熊掌既不可兼得，只得放棄學業辦休學（直到七十八年復學讀畢業）。

六十四年受外子同鄉高德聲先生（他是我夫妻的大媒人）提醒。他說妳兩個孩子上幼兒園了，應比較有空閒，可以再繼續寫文章投稿呀！心想這都荒廢七、八年沒再寫，早已生疏了。為了感謝高先生熱心鼓勵，趁孩子入睡後提筆試寫看看吧！說來我真的很幸運，兩篇各三、四千字的文稿，都被編者採用，使我信心大增。而這兩篇小文，鄭師也讀到，還特別來電話嘉勉一番。

就這樣，我白天上班，晚上偷空爬格子，寄出的稿件沒被退過，而且除了投〈中央副刊〉外，也試著投〈青年日報副刊〉，期間還獲得副刊主編胡秀先生賜函鼓勵。在我的投稿史裡，僅兩篇被中副編輯退過；一篇是〈美術燈、酒櫃、書櫥〉修改後再投，副刊編者把它轉到「家庭版」發表。一篇是〈長者的叮嚀〉修改後再投〈中央副刊〉，編輯先生把篇名改為比較能吸引人的〈觀察員〉在鑽石地帶連登兩天。

寫文章有豐富的學問和高學歷固然好，寫文章比較得心應手。但以我為例，想想寫文章真的是無關「學歷高低」呢。我的堅忍毅力和我對喜愛之事的專注，持恆的天性，龜步慢爬，寫的文章有一天終於躍上中副的「鑽石」地帶，這是做夢也沒想過的事。民國七十二年五月六日至十日，我的〈么妹〉和〈母親，母親〉兩篇文章就在〈中央副刊〉連登五天。這也是我給母親最佳的「母親節」禮物。

文章發表後，我陸續接到國內外多位讀者回響，馳函恭賀，並問候家母。之後因罹患惱人的「甲狀腺亢進」病，雖未放棄寫作，但病中寫的文稿，就讓它躺在抽屜裡睡覺，失去投稿的勇氣。

母親八十年春往生後，直到八十八年，為了永久保存發表過和未投寄的文章，蒙一位前輩作家鼓勵，才結集自費出了一本《白雲悠悠思父親》一書，沒想到親戚朋友讀了此書都感動落淚。多年沒再投稿，就在我出書前參加〈中央日報副刊〉來台五十周年紀念徵文，以〈中副是我的導師〉獲得入選，真是意外的驚喜。

我終於出一本書了，寄贈徜徉在「陽光社區」養老的鄭煥師，他說很意外，也很高興，他的讀者也出書了。

我九十一年夏退休後，服侍高齡的外子和照顧兩孫外，在百忙中仍利用零碎時間寫些家鄉瑣憶，於民國九十六年出版《否極福來》。接著於九十九出版《紙寮窩紀事》紀念先父百歲誕辰。這期間我夫妻由四弟邦福和胤侄開車兩度到楊梅探望鄭師。一回鄭師請我們到師母的學生在「三洽水」開設的鄉村餐館，大啖香噴噴的客家「鹹湯圓」讓老師破費，感到很不好意思哩！

維經往生後，民國一〇三年恕兒陪我去看恩師，他歡喜說要盡地主之誼，在甄妮開的「西土瓦」農場前餐廳，又叨老師一頓豐盛的客家美食。

我每年正月初一，都會以電話向長輩和親友拜年。未知何故我連三年都聯絡不上恩師，心想他二老年紀大，不可能出國旅遊，可為何這麼巧，我每次撥電話都無人接聽呢？就這樣，我們等於失聯了，好不令我失落悵然！

直到一〇五年的某日，住寧波西街的二姐來電話說，她在汀州路上，一位慈祥的老先生問她「妳是玖香的姐姐嗎？」二姐嚇了一跳，心想這人我不認識，他怎知我是玖香的姐姐，經說明，才知曉這位長者就是鄭煥先生，二姐說我們倆真有那麼相像嗎？還是老人家的目光犀利，讓他一眼認出我們是姐妹。

我之所以念念不忘恩師，其來有自。我倆之間豈只是單純的作者與讀者關係。他待我如女兒般關懷疼惜，我生忠兒時，他老遠從楊梅高山頂到台北臥龍街給我送「羹」送來一隻「紅面蕃鴨公」給坐月子的我補身；想想天底下，也只有父母才有這份關愛疼惜之心啊！能不感動？

一回是除夕前兩天，師母做客家「菜頭絲」菜包，對恩師說，玖香離家鄉多年，大概很久沒吃到客家菜包了。那時老師剛買新車，便說我開車一起給玖香送菜包去。二老就從汀州路送到松山來，當時我雙手接過還熱氣騰騰的菜包時，感動得喉嚨哽咽，眼含淚水，至今多年我仍難忘恩師和師母那份像父母的關愛和溫暖之情。

說來我真是笨的可以，幾年聯絡不到恩師，可怎麼就沒想到他是否回台北汀州路七樓住呢？

正月我向二老拜晚年，在八樓門前，見恩師背著背袋與師母講話。我問：「老師，您正要出門是嗎？」他含笑說不是，我是去植物園散步，剛回到家。

老師的腰板挺直，面貌清癯，身體硬朗，神采奕奕，每天外出散步健身，一點也看不出來他已是位九六高壽的長者。我一直感激老師當年對我的鼓勵之恩，他也很安慰有這麼一位由讀者變作者，而且還出幾本書的「讀者」呢！我衷心祝願恩師、師母二老福壽康寧，幸福綿長。

註　鄭煥先生是台灣光復後著名的小說家。著有《輪椅》、《茅武督的故事》、《春滿八仙街》、《蘭陽櫻花祭》、《崖葬》、《土牛溝傳奇》、《鄭煥集》等。

眞摯的兄弟情

人若有緣，不管到了哪，或失聯多久，總會有再相逢的一天。

維經民國三十八年元月，在南京倉促隨于漢經同學的部隊搭船來台。所幸之前他曾與任職台北成功中學的學長，徐永增通信聯絡過。初來乍到，因此暫時有個落腳處。永增安慰他放心同住學校宿舍，再慢慢找工作。

某日他在台北街頭，巧遇東北大學的學長何功揚，原來他也正在找工作。兩人經他的表哥，王逸芬先生介紹到「第十二財務處」上班。王逸芬先生時任第十二財務處處長，他也是《民族報》的創辦人。

維經和何學長在那裡上班，食宿全免，因此，馬上解決了民生問題，他這才安定下來。

過了一年多，莫非是慈悲菩薩的牽引，一天他信步走到台北火車站，真是巧極了。他竟然與失聯多時的山東第一中學同學夏樹琛，異地重逢，他鄉遇故知，兩人相望喜極而泣。樹琛向維經表示，他已經在竹東的林場工作了。

夏樹琛身材高瘦，忠厚善良，樸實隨和，是個憨直誠懇的山東同鄉。自此之後，維經和他兩人，台北竹東兩地，時相往來，相聚抒懷，互訴思鄉念親之苦，親如手足。

幾年後，樹琛在民風淳樸的客家庄，經同事介紹，認識一位純樸勤勉的客家女孩。兩人有緣，相談契和，就決定成家，當時還請維經當他倆的伴郎呢！

忠厚的樹琛把維經當親兄弟般看待，而賢慧的夏大嫂善解人意，體會丈夫隻身在台，有這位同鄉同學，真情相待，把維經當自家兄弟般相惜。成家之後，每年過農曆年，樹琛夫妻就邀維經來竹東團聚。在那裡維經會待上一兩天，享受家庭的溫暖，和新年的喜樂。

維經轉進教育界服務之後，這時樹琛已有兩個健康活潑的男孩。每屆農曆年，他仍像遊子回家一樣，到竹東和樹琛一家團聚過新年，慰藉他單身孤寂的空虛。他把樹琛的孩子當自己的孩子疼惜，年年給孩子壓歲錢，讓孩子充滿快樂和歡笑。

每年放暑假，維經即到竹東帶兩個小侄子，到附近風景區遊玩，或者坐火車到新竹看電影、逛動物園，盡興而歸。所以兩個孩子對這位王伯伯非常親暱。而樹琛夫妻總是誠誠懇懇地招待他，讓維經有回家的溫馨感受。

樹琛也會趁放暑假，帶兩個孩子北上，住在維經的宿舍消磨幾天。白天一起上陽明山郊遊賞美景，或到兒童樂園坐轉動飛馬，再到「圓山動物園」看看林旺大象。孩子快樂得都不想回竹東鄉下呢！

我和維經在五十六年，農曆年前成家。有了自己的家，從這年開始，過農曆年，維經就不必趕火車到竹東樹琛家過年啦。

婚後三個月，我不幸流產了。之後一整年都沒有懷孕的訊息，我有些著急。而樹琛大嫂在小兒子上小學之後，忽又意外生第三子，令人羨慕不已。

這年春，時序將邁入農曆三月，這個月若沒有喜訊，之後若懷孕，孩子就得晚一年出生了。我非常期望這個月能順利懷上孩子，因此翻月曆算好最佳受孕日。

我決定在受孕日前三天，和維經參加族弟國衡服務單位舉辦的「石門水庫」一日遊。坐船遶徑蒼翠連綿的山巒水庫，飽覽旖旎的湖光山色，讓自己心情愉快。

前兩天，我和維經坐火車，專程到竹東樹琛府上，抱抱他那剛學步的可愛兒子。想沾沾他的喜氣，帶來好運。

明天就是要受孕的吉日。今天和維經選擇到「榮星花園」欣賞它那特別設計的「壽」字和「雙喜」圖案花圃；和滿園盈目盛開的美麗花朵，姹紫嫣紅，美不勝收，心胸為之舒暢愉悅。

之所以連著三天，腳不停步，趕著遊湖、抱孩子、賞花，一方面是要心胸充滿喜悅，和美好回憶；再方面把自己的心情完全放鬆，夜裡好眠。之前因常失眠，所以不易懷孕。我有所領悟，想出這絕妙「良方」就是希望能懷上一個健康聰明，相貌端正的孩子。

我感應到慈悲菩薩保佑，感恩祖上積德，兩百八十天後，維經在半百之年，終於如願喜獲麟兒。孩子滿月時，樹琛兄弟專程北上，來向維經祝賀。

他和我說：「大嫂，妳和維經哥婚後一年多沒生孩子，我和內人商量，說大嫂若沒生，咱這個老三世杰，就給她做兒子。內人聽了同意說，維經哥這麼善良的人，孩子送給他，我很放心。」

維經半百得子，樹琛跟我們一樣高興。兩年後我們再生第二子。兩個孩子在我專心照顧下，都長得健康活潑，聰明可愛。我夫妻倆盡所有能力，適才栽培，盼他兄弟倆日後能成大器，貢獻所學服務社會。

樹琛的長子華杰，高分考取省立新竹高中就讀。他身高超過一百九十公分，面貌俊秀挺拔。他立志考國立大學，矢志畢業後赴美深造，攻讀博士學位，掙錢改善家庭經濟。

說來心酸，當年倉皇來台，樹琛擔憂會被政府抓去當兵，因此報戶籍時把自己的出生年，改為民國元年。導致他後來退休年限，比實際年齡早了十年。

他在林場工作，待遇並不豐厚，除了一家人的生活開銷，沒多少餘錢儲蓄。但為了圓兒子的出國夢，他不得不去另找工作掙錢，何況下面還有兩個兒子也要栽培。

於是樹琛來台北餐館做洗碗工，我和維經曾去探視他。看他兩手戴上手套伸入泡在洗碗精的熱水中，把狼藉的盤碗，一件一件洗清，放入另一盆乾淨的熱水中，再洗一遍，真是辛苦。但他為了實現兒子的願望，無怨無悔，做得開心。

兒子赴美後，苦讀幾年，終於取得博士學位，幸運覓得高薪工作，這就改善了家庭經濟，樹琛和大嫂深以為榮。華杰在美和一位從新竹去美留學的女孩，結婚成家，落地生根，定居於人人嚮往氣候宜人的舊金山。有了下一代，即把父母接到美國奉養，讓雙親享受含飴弄孫之樂。

樹琛苦盡甘來，幾年堅忍的付出，有了完美的代價和回報，他夫妻倆在美含飴弄孫，羨煞許多老鄰居和朋友呢！

去國多年，八十五年三月，老二亞杰娶妻時，樹琛夫妻雙雙返台為兒子主持婚禮。是年十二月，樹琛倆再回台灣為三子世杰主持婚禮。樹琛歡喜說他的長媳是好人家的女兒，家教好，對公婆執禮甚恭，非常孝順。

我倆聽了很為他高興。他說維經哥和嫂子，找個時間到舊金山住些日子，咱老兄弟可以促膝敘敘懷啊！

在婚宴中，樹琛的長媳很親切，不時過來問：「王伯伯、王媽媽，這菜合味口嗎？兩位多吃一些，不要客氣啊！」待一會兒她又過來，對維經說：「我聽華杰說，王伯伯很疼他兄弟，每年都給壓歲錢，買文具來，還帶他兄弟去看電影，他常念念不忘呢。」

華杰夫妻來向長輩敬酒時，說：「歡迎王伯伯和王媽媽來舊金山旅遊，在我家住一陣子，假日我們陪您倆出去玩，人多時就開大車，人少時就開小車，很方便。」

樹琛臉上推滿笑容，欣慰誇兒媳賢慧，不是給自己臉上貼金。我們能體會，他這位媳婦，才貌雙全，除家教好之外，本性也良善。我和維經也盼望兒子日後，也取得如此賢慧，對公婆貼心的好媳婦。

我和維經終因經濟關係，始終無緣去舊金山做客，和樹琛兄弟相聚敘懷，深感為憾。

民國八十八年三月，某日早上九點多，維經正在客廳看報紙，我在陽台晾衣服，聽到電話鈴聲後，突聽到維經悲切的慟哭。我不明白發生了什麼事，立刻衝進客廳，看到維經雙手捂臉嗚嗚地哭，電話聽筒掉落一邊。我拿起接聽，原來是華杰侄從美國打來的越洋電話。他哀傷地說，王媽媽，我父親往生了……請您勸王伯伯勿要悲傷，我爸走得很安詳，媽媽還能挺住，請王伯伯放心。

和維經朝夕相處三十年，我只在父親和母親往生時，聽他悲慟的哭聲。他少小離家數十年，婚後他把岳父母當做自己的父母孝敬，他也把樹琛當親手足般相待，如今在他古稀之年，又失去這個心性純良的兄弟，怎不令他悲痛！

我不知要怎樣安慰維經，這就是所謂的「世事無常」啊！任何人都避免不掉的，最終也將走到這一步，只是早晚而已。往者已矣，我們把懷念放在心上就好。

樹琛是個非常善良可愛的人，在美有兒媳和孫輩，老妻相伴，他的晚年可說是幸福的，應該沒有遺憾。

這時我腦海浮現，某次樹琛和我夫妻三人，從國父紀念館出來，在公園走著走著，他忽然停下腳步，回頭對我說：「嫂子，妳看維經哥的氣質多麼高貴呀！怎麼看，他就是銀行經理的人物！」

我當時想，這是樹琛太愛這個兄弟，由衷發自肺腑的讚美吧！

重溫墨人先生手札

不記得是民國那年，某日有幸讀到〈中央副刊〉墨人先生的〈三更燈火五更雞〉才知道《紅塵》他這部長篇小說在新生報連載四年多，現在順利出版了。我少年失學所以特別喜愛讀書，外子體諒，即買乙套四冊回來。我下班回家，忙完家務把握片段空暇，逐頁細細閱讀。

這部小說長達一百多萬字，寫的是中華民族百多年的苦難遭遇，歷經八國聯軍、中日戰爭、大陸變色等等苦難及人性世態。讀著讀著，感動得淚盈滿眶。失學如我怎知我中華民族連連遭受外族欺侮的痛苦？想到墨人先生年過六旬，為完成此長篇，惕厲國人有所反省，他健康受損，仍勉力完成的心志，多麼令人敬佩，心疼啊！

這部百年僅見的好書，凡是中華民族都該抱著崇敬，憐憫的愛心去讀，去了解；這是一部有血有肉，有愛有淚的《史書》啊！我因此買五套分贈摯友分享。為了感謝，為了敬仰，我和外子聯袂到北投向墨人先生致最高敬意。

這位可能是「文曲星」降世的文學家，長外子一歲。他是那麼地文溫和藹，內向文靜，還有些害羞，和外子太相像啦！他兩人一見如故，像兄弟般沒有隔閡，暢懷歡晤。

他的夫人親切地執著我的手，帶我參觀文學家獲國家各種獎項殊榮及國際頒贈的榮譽博士學位等照片。他賢伉儷把我夫妻當做多年老友，是那樣地自然自在又親切，我如沐春風，心身愉悅。

我向墨人先生透露曾投稿〈中央副刊〉（筆名劉琦香）他聽了頗為歡喜，心胸寬厚愛才的他，不因我學識低淺，就這樣，我常寫信向他請益，他都一一回覆，信上都稱「您」令我汗顏不已。

墨人先生說文章剪報容易迭散，不能久存，用心血完成的作品可結集出書，才能保存久遠。雖然我的作品不豐，他誠懇的建議，我放在心上。

以下是我珍藏多年，墨人先生給我的手札：

玖香女士：

我一直不知道您這樣一位高水準的讀者。

我在八十三架日機地毯式的的大轟炸之下「九死一生」當時我若被炸死，您就看不到《紅塵》了。

您努力上進，很有文才，寫自己的親身體驗，不會流於空泛，而言之有物。客家人有許多美德，保存中國最傳統優良的文化。您看過《紅塵》就知道我感慨多深。

文章發不發表無關重要，內容第一，凡能表現真性情，就是好作品。您寫令尊令堂無人可代替，自然可與其他大作結集出版，有人出版更好，無人出版，不妨自己出資，由出版社代印發行。

耑此祝

全福

張萬熙　民國八十六年三月三十日

琦香女士：

香字是否對？請原諒，您三月二十四日信，我日前去新生報始看到，遲覆至歉。附〈乾坤詩刊〉一冊。因有主編的古典詩詞，也許您與令姐喜歡。

內人已七十七歲，已病四、五個月，近日趨嚴重。

《紅塵》共有四冊，不知您買「續集」沒有。其實不是續集，是當時太長，不能發表出版，我又心力交瘁，停了一年多再寫出來，您歡喜我就算沒白費心力。現在這個社會道德淪喪，人性扭曲，我深感有心無力。我主編古典詩詞亦非得已也，存亡繼絕亦在此一舉，幸讀者不吝支持。

我的飛蚊症吃枸杞子已經好了，這是我土法煉鋼，老天見憐之雙重效果；另一《紅塵》後遺症耳鳴，則無藥可治，謝謝您的關心。

您種瓜成績可觀，難得今年我在後院種了南瓜，現在瓜苗已一尺多長，惜陽光不足，能否結瓜，尚難樂觀。南瓜是健康食品，好處很多。我喜歡土地園藝，可惜沒有土地。

耑此祝

全福

墨人　民國八十六年四月二十一日

玖香女士：

我十二歲獨自上故鄉「天下名山廬山」求學，十八歲即考取軍校，一年後提前一個月畢業。去重慶研究新聞。來台之前我一直在新聞界工作，因而寫作終身。我一生經過不少生死關頭。一九三八年日機八十三架狂炸武昌，整條街道一片火海，屍橫遍地，我毫髮無傷；在台北圓山飯店下，對車將我和腳踏車撞成「空中飛人」飛出兩丈多遠，我也只右手虎口皮膚傷一層皮，原因我能處變不驚，不作虧心事也。

祝

平安

墨人 民國八十七年四月九日

玖香女士：

來信，大作《白雲悠悠思父親》均詳讀。您努力上進，很有文才，〈觀察員〉是夫子自道，很好。寫自己的親身體驗，不會流於空泛，而言之有物，多有可觀，現在孩子大了，不妨多寫。《紅塵》也不是向壁虛構的作品。

耑此祝

百福千祥

墨人 民國八十八年五月二十二日

玖香女士：

謝謝您寄來的瓜果，比我在附近店鋪買的好多了。我因老伴正八十九歲，年老多病，我又準備出版兩千多萬字的拙作「全集」加之三伏天太熱，遲覆為歉。

我今年已九十歲，所幸由於長期運動的關係，健康較一般老人好，我又吃全素二十多年，血壓比年輕人還正常，亦無心臟方面的毛病。連讀寫作四、五小時不倦，與我年齡相近的作家，二十年前已停筆，，這兩三年已去世四、五位。

耑此祝

平安

墨人　民國九十六年七月二十日於北投大屯山下

玖香女士：

恭喜您出版《否極福來》並賜贈一冊，彷彿又回到四五十年前那種文藝副刊的鼎盛時期，而今中央日報已停刊，其他有副刊，但已面目全非，一切商業化了。

出書亦十分困難，但我一生逆水行，我的長篇小說《紅塵》當年居然在台灣新生報連載四年多，出版四巨冊，且目前獲新聞局著作「全鼎獎」與嘉新文化基金會

「優良著作獎」二〇〇四年本文在巴黎出版法文譯本。百九十多萬字的大長小說，為「五四」以來中文作家所未有。當年我決心寫的《紅塵》作家朋友無一看好，且他們多已停筆。我年九十是兩岸最年長的作家，現在出一本書都很困難，我卻準備出版約兩千多萬字，五、六十本的「全集」我一生突破重重困難，我的意志力，是別的作家少有的，而且不為名不為利。您的努力多讀書，學歷不重要，學問才重要，才氣亦不可少，文學寫作是馬拉松，不是跑百米，希望您堅持下去，正如種瓜，必有收穫。

耑此祝

全福

墨人　民國九十七年元月十一日下午

又：您努力不懈，成就不少，十分難得，條條道路通羅馬，先到後到沒關係，我到羅馬旅遊地下羅馬，行萬里路，讀萬卷書，同樣重要，有機會可多遊歷。

玖香女士：

四月二十二日信拜讀。我的書太多，不全自己出版，現在正請一位從初中時就看報紙副刊連載我的《白雪青山》出長篇小說，以及中華書局出版我「自選集」昭明出版我的代表作，他都買，有一次他還買了三十本送人。現在已貴為特任官，還是喜歡我的作品。他如介紹我的「全集」出版希望較大，版稅應無問題，這是我的基本要求，不然我尚有信心，在我九十一歲至百歲之間一定可以出版。我的大長篇《紅塵》當初寫作，就有不少人認為不可能出版，結果中文本出了四版，法文本出了一版，以後經濟情況會好轉，兩岸關係亦如此。

我一生在挫折中度過，但我要作的事，沒有失敗過，尤其是創作，十年後您可以看到。附八十歲時運動照片兩張，請勿見笑！

祝

百福千祥

墨人　民國九十七年四月二十四日

玖香女士：

謝謝您寄來的南瓜，南瓜有防癌作用，將可抑制男性攝護肥大，我夏秋兩季經常食用。我吃全素二十多年，今年九十歲，走路仍「行如風」四十歲後未停止運動，八十三歲以前天天爬台北最高山面天山、七星山。八十三歲以後下午四、五點鐘到附近小山坡廣場大魚池，看看轉一圈回家，約一小時左右，因此九十歲還未老態龍鍾，讀書寫作連續四、五小時不倦。

您們住在鄉間空氣好，種種瓜菜，飲食運動兩全其美。我少時想過鄉賢陶淵明田園生活，但我生在戰亂，期間十八、九歲參加抗日戰爭，接著是內戰，六十年前來台灣，一直不安定。我幹過軍、公、教三種工作，六十五退休，住北投已三十四年，這段晚年生活倒很平安，以月退休生活，只因老伴已八十九歲，病多，請「外勞」照顧。日前我未休息，一旦兩千萬字的「全集」簽約出版，才能鬆一口氣。

您的田園生活最好，自由自在，瓜棚豆下，自有樂趣。請保重。

張萬熙　民國九十八年七月十九日於北投

玖香女士：

拙作《全集》已決定自行接洽出版，不假手他人。馬英九上任後，台灣經濟情況與兩岸關係均將轉佳，出版亦受其利。拙作包括散文、小說、文學理論、古典詩詞新詩四大類，約兩千多萬字，出版非易事，但我一生不怕難，我寫作出版都是這樣完成的，所幸我來日方長，老而彌堅，自信百歲之前定能出版。

敬祝

合府幸福，健康長壽

張萬熙拜上於北投大屯山下

民國九十八年七月二十二日

重溫墨人前輩手札，可以看到他愛才惜才的胸襟有多寬厚，字裡行間流露君子器度和赤子之心。我只是他千萬讀者之一，何其幸運，他視我如知己，有信必回，讓我感到無上的榮幸溫馨。在我寂寞獨行的寫作路上，有位長輩督促激勵，讓我有勇氣奮力前進，堅持所愛繼續寫下去，在民國一〇六及一〇八年再出兩本書。

民國百年後，外子已九十一歲，體力日衰，我服侍他並照顧兩孫，更無暇修書向墨老請安了。猶記他給我的一封信，寫到一半，突寫道：老伴在樓下催我吃飯，不再寫了！

敬祝

萬事如意

墨人　民國一百年二月二十八日

當我讀到「不再寫了」覺得他實在可愛！這之後我沒再寫信向他老人家問候了。外子也於百年的最後一天往生佛國。這許多年來我常把墨人贈我的運動彩色相片，觀賞良久良久。他在八十多歲拍的照片(見頁9)，見他彎腰伏身，兩手抓住後小腳，頭就頂在腳背上，整個身體像打「對折」一樣，令人驚嘆！真是天下奇人！

民國一〇八年

補記

去年因「新冠」疫情嚴峻，為了安全，平日無事盡量少出門。最近要加印《親情融融兩相惜》一書，特地到「文史哲出版社」找彭小姐。我和她談到，之前聽朋友告知，說墨人先生已經往生了，我竟然無所聞，說來真是慚愧啊！

民國一〇五年冬，因要出版《堅忍修得一世緣》校稿，常進出文史哲，那時我得悉墨人先生兩仟多萬字的《全集》交給文史哲印製出版。我關心問彭小姐，墨人先生的《全集》在他生前有完成嗎？

彭小姐欣慰說：「有，有，他是在《全集》完成之後幾年往生的……」

我聽了很為他高興，老前輩他心中念念不忘的《全集》終於圓滿達成，他無所掛罣，安心地走了。回憶他老人家對我這個小讀者，鼓勵關愛之隆情厚誼，心中除了感謝，虔敬默默祝禱他在佛國淨土，像生前一樣，享受文字創作的喜樂……。

民國一一〇年元月

註

墨人（張萬熙先生）博士，是一位全能詩人作家，擅長新詩、古典詩詞、散文、小說、文學理論。他的傑出連獲美國兩個榮譽文學博士，一個人文學博士學位，並榮列英、美、義、印度等國與大陸出版的外文中文的《國際詩人》、《國際作家》、《國際文學史》、《世界名人》、《世界華人文學藝術界名人錄》、《中華精英大全》等二十多種；著作兩千多萬字，長篇小說《紅塵》享譽國內外，是位令人崇敬的文學家。

向陳正一教授致敬

民國六十幾年，我在〈中央副刊〉發表幾篇小文，直到母親往生後才結集，自費在商鼎出版社出了一本《白雲悠悠思父親》。八年後出第二本《否極福來》，商鼎出版社的廖董事長，她先生王經理拿一本送給自己的同學——陳正一先生分享。

原來陳先生是實踐大學的副教授，在學校專教詩詞；他是一位有名的書評家，以陳徵毅為筆名發表文章。他讀完《否極福來》後寫一信給我表示「感同身受」，說其家庭背景和我家近似，兄弟妹多，克苦求學有成。妹妹是體育健將，在義民中學畢業，成績優異保送師大體育系；後來當——體育老師，直到屆齡退休。

他惋惜問我，當年怎麼沒去半工半讀完成學業？這可是碰觸到我的痛處。古人云：「時過然後學，困也！」當年我家的窮困處境，我在《白雲悠悠思父親》和《否極福來》兩本書裡面已清楚交待，在此不再贅述。

現在要談的是，陳教授惜才愛才之熱忱，他對我這個陌生人表露無遺。他為鼓勵我，用心寫一道〈冠頂詩〉相贈：

劉氏高才世所珍，
琦行脱俗渡迷津；
香閨眉畫四鄰仰，
女宿光輝萬里春。
史鑑縈心留月色，
積年為善滌煙塵；
德仁相契瀛寰重，
深澤廣被笑語頻。

此詩放在第三本書《紙寮窩紀事》一書後頁留念。

讀了教授讚頌激勵的詩文，我感到無上的榮幸，同時也深感慚愧。想自己年輕時蹉跎寶貴光陰，直到四十八歲才讀完「國民中學補校」只因喜愛我國博大精深的文學，以有限的知識和文學，摸索學習寫文章投稿，而且又很幸運，獲得副刊編輯先生的青睞，予以採用。

民國九十一年，我以學校工友職屆齡退休後，在家照顧兩孫和照顧老伴的忙碌中，仍利用有限的空暇，寫了《否極福來》和《紙寮窩紀事》兩本書。

夫婿於民國一百年最後一天，往生佛國淨土。零二年除致贈《紙寮窩紀事》外，也把夫婿撰寫的《王維經九十自述》贈送陳教授留念。

陳教授很歡喜，他細讀兩書之後，又作一首〈冠頂詩〉相贈：

當行出色閭鄰知，
代序夫君憶昔時；
散套鬢白驚美夢，
文才熠熠志弗移。
作風獨特人咸仰，
家計無憂笑語馳；
劉氏高才博令譽；
玖如三昧啓人思。
香郁四溢衣冠卒，
讚聲賡續氣如霓。

陳教授特別把它裱背一副立軸，郵寄給我做紀念。展讀詩文，令我汗顏不已。想我與陳教授未曾謀面，他竟把我當做知己故友般看待，怎不令我感激又感恩呢！

夫婿的九十自述是在「文史哲」出版社出版的，與彭小姐（文史哲社長彭正雄之女公子）談起陳教授，始知他也在彼出了四本書。我翻閱陳教授著作的作者介紹，才得識這位「教無類」的良師，是位溫文博學的學者。

陳教授時已從實踐大學退休。私立學校的退休金，並不豐厚，他為我花錢裱背立軸詩作送給我，我受之有愧，於心不安；感於他的厚愛，於是匯寄兩仟元，略表寸心。

夫婿維經往生後，我於民國一〇六年，夫子自道，寫了一本小傳《堅忍修得一世緣》寄贈陳教授，請他指正。他歡喜讀後，溢美讚說，雖是散文小傳，但有小說的架構和節奏，是一本可讀耐讀的好書！他高興之下，又為我寫一首〈冠頂詩〉相贈：

琦詞麗藻蘊思巧，
香火有緣玄玉關；
女介高才人稱異，

史中偶見呈象奇。
新知舊雨添逸興，
著作寫身非易為；
問句尋思衣冠萃，
世風日臻娛晚期。
佳人俊士兩相愛，
評語琳瑯燦門楣；
如夢如飛興不止，
朝似流水去復回。
詩情畫意縈心底，
以賢為師世所稀；
為山九仞始一簣，
賀客聯翩笑語馳。

我讀罷內心很激動，他信上說，為了第一句的「蘊巧思」還是「蘊思巧」孰前孰後，哪一句比較合適費思量；就為了一個字他斟酌再三，拿不定主意，即坐計程車到師大找老朋友研究定奪。想到教授做詩的慎重態度和熱誠，很是感動，我即把此詩放在後加印的書內，永誌懷念。並到郵局匯寄三仟六百元，給老人家零花。

他收到後來信寫道：劉氏最有情。之後我收到他複背好的〈八十感言〉：

八十華年悄然臨，
馬齒徒增感萬端；
人海浮沉六十載，
投身杏壇四十年。
效法尼父教無類，
鑿詩師法李青蓮；
老來出書共四冊，
聊可告慰于家人。

陳教授他在信上說，我們有文學緣，兩人都在「文史哲」出書，我出四本，妳也出四本，哈哈！真是緣深啊！

可當我一〇七年冬，校對第五本書《親情融融兩相惜》時，聽彭小姐說，陳教授已經失智了，我聽了很震驚，也很難過。所以一〇八年六月書付梓後，並沒再送給他。豈料七月上旬突接到陳教授往生訃聞，當時我人在鄉下，即囑忠兒按址寄上奠儀表示哀悼之意。糊塗兒子在郵局填地址時才發現訃告懇辭花圈、花籃、奠儀。返北後我即寫信慰問教授的公子們，請他兄妹節哀。

今年四月「新冠肺炎」嚴峻時，我到鄉下避疫。一天整理舊書信，發現一〇七年春，陳教授曾寫給我的另一首〈冠頂詩〉致劉姝：

劉家有女性端莊，
玖歷文壇佔一席；
香甜苦辣皆遍嘗，
廣交文友互切磋。
交友先觀其性行，
遊山玩水閱歷增；
覓得好友值千金，
知人知面應知心。
音韻相通志趣投，
待客如己非易為；

人間到處有青山，
誠為最佳之政策。
懇親敬老人共仰，
為山九仞始一簣；
文如江河傳四方，
日新月異無休止。
進德修業益身心，
成書五冊令人欽。

這首詩的最後一句，真是奇妙。我第五本書是一〇八年六月出版的，教授七月往生，他並不知我出第五本書啊！他在世時，只知我出四本書，但這首詩是一〇七年春寫的，是教授記錯了嗎？還是他預知我會出第五本書呢？想來真是不可思議。

自與陳教授通信後，他把我當知己朋友，更把我當學生，在信上鼓勵我學寫文徵明的〈寶塔詩〉惜我天性魯鈍，知識有限，至今仍未寫過一首寶塔詩來。

雖與教授未曾謀面，但從他的信裡行間和他寄贈的影印書評文章裡，可知他是位學識淵博，治學嚴謹的學者，心胸寬厚，慈悲為懷的高貴風格，令人肅然起敬。

哲人已遠去，典範永垂，我在此敘述教授和我相識雖不長，確是我終身難忘的珍貴友誼，他教無類的精神，令我尊敬懷念。

毛先生與摩耶精舍

民國五十七年元月，我和維經結婚時，他請學校的同仁——林克亮先生幫我倆照相留念。結果當年維經在聯勤的同事——毛懷瓘先生，也端著照相機在捕捉婚禮中的優美鏡頭。

維經看了很感動，也很感謝毛先生的參與；接著維經又發現他在省立新莊中學的同事——于正平老師也端著照相機，加入照相行列。這位于老師教學之外酷愛照相，家裡有一個暗房，自己沖洗照片，很有成就。

我們這簡單隆重的婚禮，竟有三位好友幫忙拍照，這是維經意想不到的驚喜。其實喜宴中還有一位摯友也端著相機在拍，後來也許他想已有三位在拍，有點擁擠，而放下相機專心喝喜酒。

那年頭拍的相片都是黑白的，學校同仁拍的比較保守，洗成三吋大的，于老師拍的都洗六乘四的特大張，免費奉送。

而其中毛先生拍的畫面最好看，他精準抓住主人翁瞬間的一舉一動，可見他選角度和運鏡的技巧，高人一等。洗出來的相片，讓人看了很舒服。

因此我倆的婚照紀念簿裡，就貼著這三種規格大小各異的相片，真是熱鬧。

維經初到台灣，經同學的親戚介紹到「十二財務處」工作，那個單位也就是聯勤總部的前身。他在大學是學經濟的，因此被分配到帳務組，負責各軍種單位，領取軍費時，開立傳票的工作。裡面幾位要好的同事，年紀都比他小很多，而且他們的學歷，幾乎只有中學或高中而已，因此把維經當成大哥敬愛。

最要好的，最相知談得來的幾位同事，只有維經擁有大學畢業資格，因此對他可說另眼看待，欽佩得很呢！

兩年後維經向服務單位提出辭呈，同事們才發現這位木訥內向的大哥，考上美國在東京的盟軍總部，當翻譯官啦。驚訝說，從沒聽他講過一句英語，也沒見他看過英文報章，怎麼就考上了，真是了不得！

維經離開聯勤，兩年後就進入教育界服務。他和幾位要好的男女同事，一直都保持聯繫。年終歲末相邀聚會餐敘，各訴別後情懷。維經婚後仍維繫這珍貴的友誼，年年相聚，不曾間斷。

忠兒自幼喜愛繪畫，我夫妻常帶他兄弟倆，去參觀書畫藝文展，拓展視野，培養他倆對文藝和繪畫的興趣。他讀小三時，我們帶他倆去參觀嶺南畫壇泰斗，歐豪年先生的畫展。在那裡我們一家巧遇毛懷瓘先生。維經和歐先生談話時，毛先生拍了一張，我們母子三人，神情專注仰望兩人交談愉快的風采。

維經這才知曉，毛先生的拍攝技術受到張大千先生的肯定和激賞。因此，只要畫界有盛事，大千先生就指派毛先生幫忙拍照存念。後來他也就自然而然，成了大千先生的御用攝影師啦！

孩子因得與歐大師合照，很興奮，在學校向同學透露：「我和爸媽跟歐豪年大畫家一起合照耶！」同學哪會相信？揶揄他：「你愛吹牛！」後來兒子拿這張彩色照片，讓同學開開眼界，證實他不是吹牛。

維經性格內向，不喜與人交際，退休之後，幾乎沒有和朋友同事互動。所幸他和聯勤的老同事，感情深厚，每年都相約聚會，其中在百貨公司擔任總經理的詹自強先生，和林紹裕先生，常輪流作東邀請老同事聚會餐敘，共渡一段愉快時光。

孩子大些了，時間比較充裕，我常趁假日鼓勵維經去找老朋友聚聚，維繫情誼。

某日我們電話聯絡，要去看毛先生。於是我倆坐上二六三公車，直達毛先生板橋的軍眷社區。

住在三樓的毛先生，看到我夫妻連袂來探望，歡喜得不得了，直說：「王大哥、大嫂有勞尊駕，實在不敢當！」

毛大嫂是位樸實勤勉的家庭主婦，待人親切。她奉上茶水後，即坐在一旁專心做她的手工藝加工品。

環視毛府客廳，牆上掛著好幾幅，大千先生贈送的山水畫。那時大千先生已往生多年，我心裡想這是大千先生的真跡，價值不斐，毛先生竟成了收藏家啦！我們辭別後，維經每年仍和聯勤的老同事，見面敘懷。

民國八十年五月母親驟逝後，維經為了轉移我思母的傷痛。某日他邀請毛先生，陪我們到外雙溪大千先生故居「摩耶精舍」參觀。因事先不知維經的貼心安排，臨時電話通知二姐一道去。

我們和毛先生約在「至善園」會合後，他說「摩耶精舍」有開放民眾預約參觀。他特別選在今天週一的休園日來，沒有其他遊客，不受干擾，可以慢慢欣賞中國庭園之美。

毛先生按門鈴後，稍頃裡面有人問是「誰？」毛先生報上姓名，大門立即開啟。那位工作人員見了毛先生，打個招呼即關上大門，也不說別的，逕自離去，隨毛先生自由參觀。

我們步入園區，目光所及都是精心設計，充滿人文藝術的中國庭園，姿態各異的盆景，和花草，姹紫嫣紅，欣欣向榮，好像進入了「大觀園」目不暇給，驚嘆連連。

毛先生陪我們沿著參觀動線前進，他停下特別為維經，在一個七里香盆景旁拍張獨照。然後進入室內，他詳細向我們解說，這間是大千先生孫女的閨房，那邊是大千先生的寢室。來到餐廳的大圓桌前，他說先生宴客，他就坐在大千先生的右手邊，其他賓客依序圍坐。

聽他眼神充滿懷念的詳述，我們彷彿感受到，賓客剛剛才離席沒多久呢。

再到大千先生寬敞的畫室，大畫桌前一尊美髯公，執筆專注作畫的立身臘像，栩栩如生。牆上高掛一幅歐豪年先生為大千，以國畫筆法畫的肖像。還有一排大千先生的尊翁，高堂和他前輩的老相片。

在一張長桌旁，毛先生介紹說，先生就在這長桌上作畫。他站在一張小板凳上，夫人端一盆他調好的墨汁，他接過就往桌上鋪舊的畫紙潑灑，然後揮筆在尚未暈漫的畫紙上塗抹；一幅岩層儼然，奇石岩層的中國山水畫，就在他神奇的筆尖下顯現出來，一氣呵成，令人讚嘆！

接著毛先生領我們到一間儲放畫具的大房間，裡面擺很多長形白鐵皮特製箱子，說那是先生自美返台時，裝運巨幅畫作用的。

室內參觀完，來到上有棚架，下有婉延曲徑的庭園，但見精心規劃的曲折淺溪，流水潺潺，水草飄動，色彩斑斕的小魚兒成群悠游其間，令人心曠神怡，俗慮全消。

欣賞這充滿人文底蘊的中國庭園之美後，來到大千先生長眠的「梅丘」毛先生說這片高高豎立在墓前的石碑，是大千先生遠從美國運回台灣的。這塊大石有幸與中國五百年來，享譽國際畫壇巨擘，朝夕相依。

毛先生說這個「丘」字少一筆，乃大千先生不敢潛越至聖先師孔丘名諱也。我們聽了很感動，可見大千先生對先聖先賢尊敬之誠，多麼細心周到啊！

庭園花木間有幾隻黑天鵝，悠閒自在地散步。毛先生說之前安裝的玻璃門，天鵝歡躍時不幸撞頭而亡，大千先生很難過。於是在透明玻璃門中間，貼上紅色醒目的寬膠帶。天鵝似有靈性，貼上紅色膠帶後，就沒再發生過天鵝撞門的不幸事故。

穿過紫藤花架，沿著小徑，一個轉折遇到一缸亭亭的夏荷，靜靜地旁在假山前，迎接我們。再往前望去，在不遠的土墩後，佇立一欉不改其節的修竹，迎風款擺。

在這炎熱的盛夏，讓人心頭頓感清涼，身心舒暢。

美麗的園景，讓我們目不暇給，跨上清溪小橋，邊上青翠彎垂，嬌態婀娜的柳絲，正映照在清澈溪水，清溪就是一面明亮的鏡子，倒映晴空移動的悠悠白雲，啊！真是一幅美麗動人的圖畫！

我們如飲醇酒，陶醉在這如仙境般美妙的庭園裡。維經由衷感謝毛先生，說：「懷璀兄，你的解說比導覽員還詳細，很多場景導覽有些應不知其然。而你追隨大千先生多年，曾是他的座上賓，又是他的專屬攝像師，所以知道很多寶貴的典故和資料，講給我們分享，真是感激不盡……。」

毛先生感慨說，多年來西風東漸，我們有很多精致深奧的中華文化藝術，漸漸流失，很可惜。大哥大嫂這麼熱愛中華藝術文化很難得，我們這一代還保有中華文人的傳統美德和熱誠，算是異數吧！

最後我們來到精舍的後園，坐在眾多盆景前，傾聽外雙溪湍急的流水聲。抬首望向遠山近樹，景致優美，連想到大千先生，他以藝術家敏銳的眼光，和慈悲的襟懷，看上這塊寶地，做為人生最後的居所。

過往我從報導得知，大千先生離開大陸後，遠適萬里之外的巴西，他在那裡經營頗見規模，充滿中華文化底蘊的「八德園」那時年近百歲的郎靜山先生，思念老友，千里迢迢，特別到巴西「八德園」相會。在那裡郎先生拍了不少先生美髯飄飄，扶坐舟上悠然自在的畫面。郎先生擅拍照，並以巧手特技，把相片裁剪，拼成一幅幅令人懷想的中國山水畫，而大千先生就是隱身山水間，悠遊自在的隱士，那意境深遠的靜謐的畫面，令人為之神往不已。

後因巴西政府要在八德園建水庫，大千先生只得忍痛割愛，轉去美國。之後經蔣總統力邀，請他回台定居。

毛先生說大千先生生於四川的「內江」一生到處遨遊名山古剎。最後來台擇居台北「外雙溪」這一「內」一「外」頗令人遐想，誰料到這「外雙溪」竟成了大千的最後的歸宿，長眠之地。

我們聽了毛先生，一「內」一「外」的詮釋，深感上蒼的巧妙安排，和宇宙中神秘深奧的機緣。

毛先生突說：「大嫂妳坐的位置，就是多年前「摩洛哥王妃——葛麗絲凱莉」坐過的，那年她搭乘「伊麗莎白號郵輪」停泊高雄港時，特別北上拜訪大千先生。

我聽了立刻站起來，看看這個坐椅。維經笑說妳是我老婆，王妃坐的椅子，妳這個「王后」也可坐。他說完，我們四人相視大笑。

自「摩耶精舍」別後，已多年沒和毛先生聯繫了。閒來偶然翻翻結婚相簿，和毛先生在精舍為我倆拍的相片，啊！那真是美好豐盈的回憶。不禁動起想去看看毛先生的意念。

於是我倆拎著兩罐安麗的營養蛋白素。坐上公車去板橋探望毛先生。上了三樓按門鈴，沒人應門。維經說我們應先電話聯絡，才不會撲空。之所以沒先聯絡，就是想讓毛先生驚喜啊！

正轉身要下樓，見一年輕人開毛先生家的大門，一問才知他是毛先生在電視公司上班的公子。我們向他表明身份，他說謝謝王伯伯來看我爸，他和我媽媽住在附近社區，我剛下班很睏，沒辦法陪您過去，我給您地址。

我向他謝過，叫他趕快去休息。

我倆循地址找到毛先生住的社區，見到毛大嫂。她說我和懷瓘剛從外面回來。這是一個兩房，一廳連廚房的五樓套房。毛大嫂說懷瓘已經失智啦！出去常找不到回家的路，而且還要爬三樓。這間房是兒子買的，他孝順說爸媽出入不方便，請爸媽來住有電梯可坐的，不必爬樓，他自己回去住三樓。

說話間，毛先生自屋裡走出來，看他還是老樣子，微微地笑。維經趨前親切問：「懷瓘，我是誰？你還記得嗎？」

毛先生聽了，正確回答說：「王．維．經．！」我心想還好吧！他還認得老朋友呢。

毛大嫂說：自他失智後，我很辛苦，雖兩人住隔壁房，但是我的房門都是敞開著，隨時注意，擔心他趁我不備時，又溜出去了。她說你別看他靜靜地，有時他倏地站起來開門出去。她和我倆述說丈夫的情形，說比照顧嬰兒還累。但見毛先生靜坐一旁，好像很專注聽我們說話，但未知他聽懂妻子說什麼沒有。

我們聊了半個多小時，不斷聽大嫂向我們訴苦，說她身心俱疲。說自大千先生往生後，不再去幫他拍照，整天無事可做。而且這多年來幾位要好的老同事，相繼凋零，他更顯寂寞，自己內向從不主動找朋友聊聊，一日過一日，就這樣，像樹木失去養份，日漸衰萎下去……。

我也不知要怎樣安慰她，三人相對無言。大嫂突認真對我倆說：「王大哥、大嫂，懷瓘連我是誰，他都不認得了，兩位以後不必再來看他了，沒有意義了……唉！」

我心裡有說不出的難過，只得向大嫂告辭，但她卻硬塞五百塊錢給我，說兩位從台北來看懷瓘，我很感動，王大哥年紀大了，就叫計程車坐回去，不要去擠捷運或公車了。

我急忙推辭要把錢還她，不料她卻把大門關上了。

我和維經愣在當下，我不禁眼角濡濕，不知是為毛先生難過，還是為毛大嫂難過。兩人只有黯然地按電梯下樓。

後記

張大千先生，一生中最後的一幅巨作『廬山圖』就是在「摩耶精舍」完成的。據說廬山圖是大千先生，一位旅日好友李海天先生，他為在日本橫濱，興建的大飯店落成之際，為了要增進飯店大廳氣勢。大手筆捧著二十萬美金潤筆，敦請大千先畫一幅大畫，以為鎮店之寶。

那時，大千先生將屆米壽高齡，眼力不甚好，但為圓這位愛國僑胞心願。他豪氣萬丈，以驚人的毅力，獨創的潑墨漫暈筆法，揮灑完成。

『廬山圖』在國家歷史博物館預展，這是國內畫壇一大盛事。當面對那雲霧繚繞，迷離變幻如仙境，雲湧雷動，氣勢磅礡的山水長卷，繞經幾間展室，可謂盛況空前。前往觀畫的民眾，摩肩擦踵，讚聲連連。

展示期間，大千先生因繪此巨畫，耗盡精力，身體微恙，住進醫院療養。

我和外子從頭到尾，細細觀賞，內心被這意境高遠，浩蕩氣勢所驚懾，衷心讚嘆！

當我仔細讀了大千先生的跋，發現先生並未落款，心中不由一驚，遂有一絲不祥之感掠過心頭。回首語外子，憂心道：「先生不會出來啦！」外子一聽，前顧後望一瞬，輕聲責我，不可亂講。

我是以自己的第六感反應，表示己見，先生這幅千古絕唱的曠世之作，可能是他唯一沒有落款的畫作；畫作沒落款，誠然可惜，但這或許是天意吧！

國家歷史博物館館長，不願大千先生嘔心瀝血的巨畫，落入異邦，懇請李海天先生割愛，請他捐給國家歷史博物館收藏，意義深遠。

這位心胸寬闊，如其大名的僑胞，義不容辭，把他花巨資求得的名畫，誠心誠意，捐獻給國家典藏的義舉，受世人崇敬，他愛國的情操和這幅名畫，永垂不朽！

文雅的饒平客語

來台祖劉傳老於兩百五十多年前，背著祖先的金斗甕（骨骸）從廣東饒平縣渡海來台。擇優定居於新竹縣芎林鄉紙寮窩，瓜瓞綿綿，至今已繁衍第十代子孫了。

先祖為漢室景帝第八子之後裔，對後代子孫留下訓示：「駿馬騎行各出疆，任從隨地立綱常；年深外境猶吾境，日久他鄉即故鄉。早晚莫忘親命言，晨昏須顧祖爐香……。」叮囑子孫日後若外移他鄉，要隨遇而安，不必拘泥故鄉或異鄉，但切莫背祖忘典，最殷切的家訓，就是「莫忘祖宗言。」

惟憾兩百多年來，後代子孫開枝散葉，外移者眾，在外地生活的族親對傳承祖先的「饒平話」，因時代的變遷和周遭環境的影響，日漸生疏；仍住祖居地的後代子孫，到了「邦」字輩，日常與子女對話常使用國語，而少講祖宗言。下一代的「得」字輩，能使用饒平話與長輩交談的更是少之又少。不禁令年長族人憂心，再過幾年，祖宗傳下這文雅的饒平話，恐將湮滅而消失怠盡矣！

茲列舉幾句「饒平話」如後：

一、下雨饒平話講「落（ㄌㄡ）雨（悟）。」河洛話也講「落（ㄌㄡ）雨（ㄏㄡ）。」海陸話和四縣話把落雨說成「落水」顯然有異，因雨落在地上才是「水」，饒平話的「雨」發音「悟」，而悟與舞同音；落雨是動詞，雨落地上會彈跳，就像「跳舞」一般生動美妙。

二、河洛話的「謝謝」講「道謝」，四縣話講「安仔細」，海陸話和饒平話一樣，講「承蒙」承即承受，蒙受之意，謙虛文雅。

三、喜慶做「湯圓」一般都說「搓湯圓」也不對，蓋搓是兩手掌，一前一後往前「蹭」，如「搓衣裳」，海陸話講「ㄋㄡ粄圓」，饒平話叫做「ㄋㄨ惜（ㄒㄧㄚ）圓（冤）。」即脫水的粄糰（粄ㄘㄟ）捏一小塊，放左手心，右手合上，兩掌互相轉動，使之圓實。而「ㄋㄨ惜圓」有疼惜之深意，與「惜緣」義同，非常貼切溫馨。

四、流眼淚，河洛話講「流目屎」，目屎和耳屎皆是乾燥的分泌物。饒平話叫做「出目汁」，人傷心或感動自然流出的白色液體，從雙目汨出。白色的「目汁」和人體內「紅色的血液」一樣珍貴，都是「精髓」。

五、饒平話的文雅，無處不在。如與人交談，不叫說話，以前常聽叔婆太問：「妳和誰『講字（音ㄙˊ）』啊！」您聽多麼深奧文雅！

在台灣講饒平話的族群極為稀少，我所知的六家「大瓦屋」林家，也是講饒平話。五十幾年前坐車到觀音草漯，在巴士車上聽人講饒平話，感到很親切，我驚喜回頭想問她貴姓？住何地？她卻下車去，令我悵惘不已。

雲林縣大埔的饒平話，句尾似多下壓，聽起來較厚重。我們紙寮窩的饒平話，句尾長且上揚，聽起來令人歡愉。

我是劉家的好女兒，十六歲離鄉，在外生活六十幾年，至今仍不忘祖宗言。有感於姪輩們不講饒平話，很可惜，也很失望，我用心寫這篇小文，看能否激發他們對祖先的追思和敬意，開口學講饒平話祖宗言？至盼。

寫於一〇九年四月「新冠肺炎」嚴峻期

註

劉家字輩——宗孔文元良，大繼易時光；可傳萬世守，家興邦得康。陶唐貽澤遠，成漢溯源長；化日皇風布，賢能應永昌。

陽台上的白頭翁

我們住的宿舍很特別，雖是四層樓公寓，但因興建時受到能源危機影響，不能追加預算，因此省略了「陽台」設施。

為了安全我們自己花錢，從窗外延伸出去，裝訂兩尺寬的鐵架，當作戶外陽台。架上疏落擺上花木盆景，點綴景觀氣氛。

我就把菜葉和果皮，置花木根上，當作有機肥。如果擺上木瓜皮，陽台上就熱鬧了。它那甜甜紅肉，常引來一對白頭翁光顧。

看著鳥兒翹著尾巴啄食，卻時時刻刻，警覺的模樣，真是可愛，又讓人心疼。這對白頭翁公鳥非常體貼，牠都昂首東張西望警誡，讓母鳥安心啄食。

兩隻鳥兒食飽，不忘快樂吱喳，歡唱離去。

某日恕兒開門進屋，看到窗戶外的陽台上，竟然有四隻白頭翁在花樹上跳躍，吱吱喳喳。恕兒說：「媽媽，您又在花盆上放木瓜皮啦！看那幾隻鳥兒多開心哪！享受美味，高興得不停吱喳耶！」

我和恕兒說：「那幾隻白頭翁正在吵架呢！」

恕兒笑問：「媽媽怎曉得，牠們是在吵架啊！」

我說左邊那兩隻是常客，正在享受美食，忽來了右邊那一對不速之客，也來搶食，互不相讓就開罵啦！左邊的說這是我的地盤，怎可來搶我們的食物呢？走開！右邊的那一對不甘示弱，說這裡的食物我也可以吃，怎麼說是你的，不講理！於是牠們就吵起來啦！

恕兒聽了，說：「媽媽，您又不是『公冶長』難不成您也聽懂鳥語啊？」

我說媽雖聽不懂鳥語，但分辨出牠急促的吱喳和悠揚的吱喳聲，就知道原因了。

恕兒聽了，敬服說：「老媽好利害！」

忠兒家樓上，有十坪大的空中花園。花圃上種有攀藤的蒜香花、紫藤、金銀花、薔薇、九重葛、仙丹花、火鶴、孤挺花和珠蘭（又稱米蘭）以及一排墨竹。

一天我掃落葉時，被一隻從珠蘭枝葉衝出，尖叫的白頭翁嚇一跳。牠毫不客氣地在我頭上低飛掠過，叫聲急促尖銳難聽，牠似在逐我離開。

心裡想，哪有這麼兇的小鳥兒呀！定睛望去，瞄到牠頭上一團「白」啊！我明白了，牠是隻白頭翁。

心想莫非牠在這裡築巢，望向枝葉茂密的珠蘭，看到枝椏上有個鳥巢。這就對了，這隻公鳥很盡職，牠為「孵蛋」的母鳥警誡，不讓任何人接近驚動，攪擾孵蛋的母鳥。

這隻聰明的白頭翁，其實笨得可以。牠可以待在樹枝上靜觀，不必這麼煞有介事地告訴人家「此地無銀三百兩」啊！

我很高興，這兒是塊福地，連飛禽都懂得擇良木而棲，來此定居，繁衍後代。我就不打擾牠們，讓牠安心住下來。

一天從樓梯上滾下一個小毛球，一看原來是隻小雛鳥。我立即把牠送回鳥巢。這對樓上的稀客，在此連續住兩年，之後，牠們就不告而別了。

人鼠之戰

我家的穀倉，高一丈二，寬約五人環抱的橢圓型穀倉。放置在空屋裡，又高又大。我八、九歲時，父親要碾米，就得把兩個米籮放在穀倉邊上。父親教我爬竹梯進入穀倉，用畚箕裝滿稻穀，傳遞給他，爸爸就伸長雙手在下面接住。要裝滿兩米籮，還真費時。

稻穀中常有黑色的老鼠屎，摻雜其中，令人討厭。穀倉是用像筷子大小的竹篾編成的，老鼠攀爬入侵，輕而易舉，毫不費力。

在鄉間鼠輩猖獗，令人頭痛。牠不僅偷吃人類辛苦收成的米糧，夜晚還偷吃雞隻。我們吃晚餐時，常聽到屋檐下的雞籠，傳來小雞被偷襲的悽慘叫聲。

父親用竹篾編成的雞籠，周圍中間開一扇四方小門，供小雞出入，傍晚雞隻進入後，就把小門關上。但是雞籠頂留的小圓洞，這是方便搬移之用。可就沒想到做一個蓋子，把它蓋上。這個小圓洞正好被鼠輩，當作偷小雞的捷徑。

有那麼一回，我們全家圍桌，吃一頓晚餐，就損失五隻一斤重的小雞。媽媽火啦！第二天上街到西藥房，買一瓶「紅色」液體藥水，澆在白飯裡攪勻，分裝幾個瓦片上，夜晚放置鼠輩出入的洞口。

媽媽呢喃說，今天大「請客」。

第二天起早，我們要把昨夜請客的殘餘，清理乾淨，以免家禽誤食。然後屋前屋後查看，昨夜的成績。喝！可真嚇人哪，竟拾得七八隻像小貓那麼大的——鼠屍。

我在台北工作時，老闆搬進服務單位分配的宿舍。它是刀把型直落式的簡單住房，只兩層樓，一個大門兩戶出入。前面隔成三間，做客廳和兩個臥房。後面是露天院子，旁邊一小間是廚房，一間衛浴室。

老闆請木工把四乘五尺見方的廚房，訂上一張陽春木床，床前的洗盥池，上面擺一塊木板，給我當書桌。房門非密封，下面留有一吋寬的小縫。

院子上面加蓋，就當廚房和餐廳，圍牆外有一條沒加蓋的小水溝。我住進沒多久，睡夢中好像有吱吱的叫聲，卻不知其聲音來自何處，可是在這夜闌人靜時，聽到這細微的「吱吱」聲，令我頭皮發麻。

後來發現這「吱吱聲」是來自枕頭下面，我扭亮電燈，用力掀開床板，赫！竟然是一窩粉紅色，蠕動的小老鼠！

面對牠，我楞了半晌，不知要如何處置這些小東西。就在這當兒，一隻成鼠竄入床下。我到廚房拿隻掃把來，然後把門關上，用毛巾把門下面的縫隙堵住。用掃把柄伸入床底，在兩隻樟木箱底下亂捅一陣。這隻情急的成鼠慌張得亂撞，竟鑽入我的衣襬，爬到我背上亂抓，我嚇得跳起來，伸手到背上抓，卻抓不著。

我氣炸了，今天非要把這畜生擺平不可。手上的掃柄不停地朝床底下亂捅，牠再狡猾總會累癱的。我終等到牠奄奄一息時，一個箭步朝牠頭上踩下去，才結束這場混戰。

六十三年秋，我們從南區的臥龍街，搬遷到松山。

某夜我睡正酣，忽聽一聲鍋子落地聲。馬上驚醒，推推身邊的老公，我說好像有老鼠入侵耶！他睡意矇矓說，怎麼有老鼠進屋裡呢！門窗都好好地，牠們從哪裡進來？

我說這房子的外牆都是洗石子的，牆壁粗糙，老鼠爬上爬下很便捷，說不定廚房那扇紗窗被牠咬破了，就從那破洞爬進來的吧！

翌日查看，那鼠輩果然是咬破紗窗，鑽進屋的。

老鼠進屋令人厭惡，我非懲治牠不可。鼠輩的膽子忒大，今晚還沒熄燈就寢，牠就來探路啦。我立刻把廚房的玻璃窗關上，回頭看，牠竟跑到客廳去了，我只得把廚房門也關上，這會牠想跑已無出路啦。我要來個「甕中捉鼠」，我手拿掃帚猛追亂打一陣，牠嚇呆了，不知躲到哪兒。

僵持一下，沒動靜，我走到風琴旁，往後面的琴罩一瞄，嘿嘿！有了，原來牠正趴在琴罩和牆中間喘氣，這會兒可栽了，上天無路，下地無洞，說時遲那時快，我瞄準風琴縫，舉起掃帚，唰地重重落下。這傢伙馬上四腳朝天，昏厥過去，我用掃帚把牠撥出，牠一動也不動了。

某日放在廚房後的飛利浦洗衣機底下，好像有鼠輩在聊天，這還得了！我立即把廚房窗戶關上，因白天我要做飯進出廚房，所以不能關。找一塊光滑的桿麵板豎在廚房門口，再把廁所小窗關上，把鼠輩關在廚房裡，盡量不留一粒食物，擦乾每一滴水，我要餓死牠。

進廚房要抬高腳跨過木板，很麻煩，第二天老公受不了，說這樣防備，老鼠沒怎麼樣，倒是把我們累壞了。牠藏在洗衣機底下，我們可用熱水潑牠，湯死牠啊。

我用木棍伸入洗衣機底下亂捅，忽聽鼠輩亂叫。我和老公說，這老鼠不只一隻，可能是一對夫妻呢！我用棍子去捅牠，牠倆不耐煩，就吱喳吵架了，母的埋怨公的帶牠冒險，公的嫌牠動作慢，為了等牠，才身陷險境，不得脫身。

老公聽了我的說法，目瞪口呆，不相信有兩隻老鼠。

我擔心把洗衣機管線燙壞了，所以此計不宜。於我買一塊粘鼠板，放在廚房出水口。第二天，果然有斬穫，粘到一隻肥鼠。

依我判斷有兩隻，所以不能把擋門板移走。

到了第三天，這隻又飢又渴的鼠輩，大概聞到浴室的水氣，竟然爬到廁所的小窗上趴著。我立即把玻璃窗推上，於是這鼠輩就被挾在紗窗和玻璃窗中間，動彈不得。我用掃帚按住牠靠紗窗這邊的身體，就地正法。

我和老公被這小畜生，折騰三四天，精神都快崩潰了。今天大害已除，終於可以鬆一口氣，恢復正常生活了。

同鄉文友相砥礪

八十八年三月，母校苧林國小一百周年校慶。我的處女作《白雲悠悠思父親》一書，得與孔昭順老師，一門四傑的書法作品，在同一教室展示，真是榮幸之至。孔老師是苧林國中教師，鄉人皆知孔老師大名。我因沒讀苧林初中，所以並不認識他。今有緣相識，即送一本請他指教，當然也贈母校苧林國小收存。

九十年夏，我意外獲得母校邀請，參加夏令「鄉土文藝營」演講。當時承孔老師鼓勵，促我寫一篇〈紙寮窩的守護神〉介紹紙寮窩昔日造紙文化典故。孔老師為配合此篇名，特別賦一首七言律詩：

〈**紙寮窩古樹**〉

楓榕並茂古參天，

鳥語溪聲花卉鮮；

樹下健身靈氣滿，
每晨蒞止已忘年。

主辦單位把我這篇散文和孔老師的詩作，收錄到文藝營學員資料中。莊興惠校長受芎林鄉鄉長委託，費時五年，探訪收集，芎林鄉的所有古蹟，以及人文社會演變概況，鉅細靡遺，編纂一部內容翔實豐厚的《芎林鄉志》。九十三年，莊校長此一巨著，在芎林鄉公所發表時，我（註）很榮幸受邀參與盛會。蒙莊校長簽名致贈一冊留念，感到無上的榮幸，深表感謝莊校長的盛情。

在賓客雲集的會場，孔老師把他的學生官有位介紹給我認識，說我是芎林紙寮窩人，曾出一本散文書《白雲悠悠思父親》官老師當下表示很渴望讀到，擇日到紙寮窩拜訪。

官老師行事積極，他任教苗栗建台高中，常返鄉探望母親。不多久，他趁返鄉探母之便，蒞臨舍下看望我夫婦，既驚喜又感動。

相談之下，始知他是位國文老師，兼寫作，出了十多本散文集和新詩。說來還真有緣，我五弟媳「官玉園」就是他官屋近房姪女呢！他帶來五本書，我回贈《白雲悠悠思父親》請他指教。

他讀後來信說深受感動，說大姐的文筆真摯純樸，充滿感情，鼓勵我繼續寫下去。那時我服侍年老的夫婿，忙於照顧兩孫，根本無暇寫作是事實；但關鍵的是，我學歷低，知識淺薄，腹中無甚墨水，如何寫？

之後官老師返鄉探母，而我又正巧回芎林，一聯絡上他即來舍下相聚。我在他熱誠激勵之下，遂把四十六年全家不幸的遭遇，忠實記錄下來，加上未投寄的舊稿結集，出一本《否極福來》這得感謝官老師熱心催生。

官老師的散文集，是在一般出版社印行，沒有「國家圖書館」出版品的編目資料，此即是出版書籍的「身份證」，我即介紹他到「商鼎文化出版社」之後他的著作都在「商鼎文化出版社」印行。

民國九十五年十月「芎林國民中學」六十周年慶，之前我已把《白雲悠悠思父親》寄贈芎林國中圖書館。主辦校慶的黃主任，寄邀請函給我，希望我把此書送到學校參展，共襄盛會，於是我郵寄五本給芎中。

校慶當日上午九點，三弟邦相載我和維經到芎中。在校門內的簽到處，服務學生親切問我：「請問您是第幾屆的？」

我聽了，內心戚戚，我沒讀芎林初中，心裡想：「我沒有屆啊！」不知要在哪本簽到簿上簽名。維經見我愣在當下，說聲不知官老師來了沒？旁邊一位老師聽了說，官老師來啦！即派一名服務生，領我倆到操場盡頭的大禮堂。

十點多，校慶大會圓滿結束。我倆和官老師繞校園一周。這是我第二次到芎林中學，第一次是四十幾年時，來學校看校慶運動會。出了校門，官老師送我倆回紙寮窩。傍晚我和維經即返台北。

第二天晚飯後，我忽接到一陌生男士的電話。他自我介紹，說是芎林鄉秀湖村人，叫劉守相。他說芎林國中校慶，他夫妻有畫作和書法作品參展。昨日下午撤展時，內人看到您的大作，翻了翻，說這是一本好書，不知在哪可買到。

黃主任看她愛不釋手，說這裡有五本，那本就送妳吧！我內人意外獲得此書，高興得不得了，直向黃主任道謝。

帶回家我先拜讀序文，再讀第一篇〈白雲悠悠思父親〉，我很感動，就換內人讀。我發現您我兩家有很多相似度，您家務農，我家也是，同樣是兄弟姐妹眾多；成員中有新竹高商畢業的，有飛利浦和台元上班的，以及金融界的……我就是華南銀行退休的。

我專心聽他講完，說感謝您和太太那麼喜歡我的書。說來還真有緣哪！我們既是同鄉又是劉姓本家，若依您的大名看，好像跟我紙寮窩劉家有淵源，依守字輩看，您比我祖父長一輩，我得稱您一聲「阿太」囉！

他聽了忙說，我小您八歲，若不介意，以後我稱您大姐好啦！

假日不看孫，我和維經回芎林時，劉先生夫婦即來紙寮窩看我們，送一本書畫著作。劉先生是位業餘書畫家，太太擅長書法，伉儷曾在新竹縣幾個單位參加過聯展。

劉先生為人謙和，真摯熱誠。太太人如其名「玉秀」秀外慧中，溫柔婉約。幾次相聚後，我慚愧對維經說，我很愧疚，應該學學人家溫柔一些，言行不可再急驚風似的。

有這麼共同喜愛文藝的文友，我把他介紹給官老師。因此我夫婦返芎林時，他兩位就相約來舍下相聚。之後，我又把他倆介紹給羅悅玲老師認識，他兩位曾分別到北投拜訪羅老師。

劉先生經官老師熱心鼓舞，寫了一本《六十個春天》的自述。他是有實力的，年輕時曾投稿中時、新生、中華等大報，這些發表的文章，收錄在他的《書畫集》裡。

維經在世的最後五個月，我倆回芎林住下。此其間幸得劉先生和官老師，常來陪維經聊天，留下溫馨愉快的回憶。因八十到九十年之間，比他年輕的同事及同學相繼走了七八位，到了晚年他內心必感寂寞，和失落。

一百年春，維經的體力漸弱，我們正月沒返芎林。劉先生和太太曾兩度北上來麗水街探望，維經和我至為感動。

一百年最後一天，維經在紙寮窩安詳辭世。

忘了是哪一年，劉先生倆載我去北埔賞櫻花。劉太太熱心教我用手機拍取美景，說日後可隨時打開欣賞。一天劉先生倆帶著小孫女，載我到新埔鎮，探訪古蹟聚落。劉太太推著嬰兒車一路陪我參觀。

新埔鎮是她的娘家，她詳細解說古厝的主人為誰，像數家珍一般熟稔，讓我了解許多典故，收穫豐盈。

我人在台北，劉先生不忘常來電話問候，無怪乎，悅玲誇他念舊，是位有情有義的兄弟呢！我很高興能和幾位相知相惜的同鄉文友結緣，我們不為名利，只盼談笑相契，靈犀相通，感恩上蒼賜我珍貴友誼。

羅悅玲老師是芎林才女！醫師世家出身，善良樸實。高中國文教師，著作《詩境欣賞舉隅》、《女人的四分之一》，擅長各體書法，常捐贈作品義賣做公益。精熟音律，自彈三弦琴吟唱唐詩宋詞，電台教授客語詩詞。我從她那裡學得一首劉禹錫的〈陋室銘〉客語唐詩，閒來高歌或低吟，心胸為舒暢怡然。

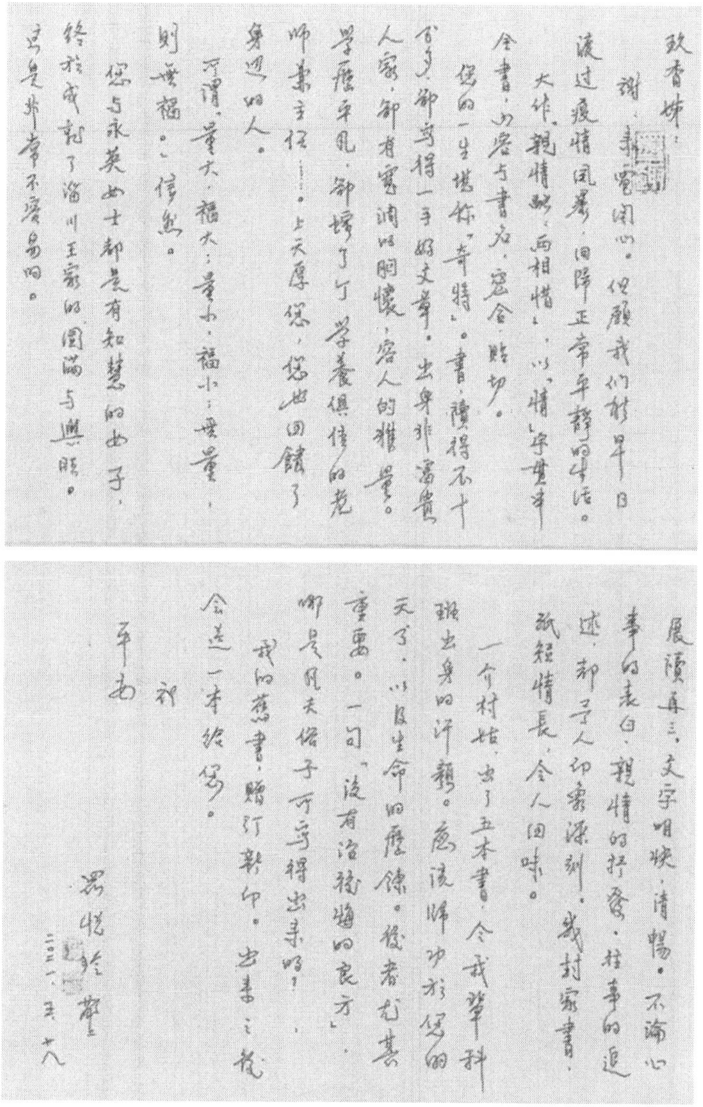

致香妹：
謝謝關心。但願我們都早日
渡過痕情風暴，回歸正常平靜的生活。
大作，親情點滴，兩相惜，以情字貫串
全書，以容与書名，寫含貼切。
您的一生堪稱"奇特"。書，讀得不十
分多，卻寫得一手好文章。出身非富貴
人家，卻有寬闊的胸懷，容人的雅量。
學歷平凡，卻嫁了個學養俱佳的老
師兼主任……。上天厚您，您也回饋了
身邊的人。
常謂，量大，福大；量小，福小；要量，
則要福。信焉。
您与永英女士都是有知慧的女子，
終於成就了滿川王家的圓滿与樂照。
真是非常不容易的。

展讀再三，文字明快，清暢。不論心
事的表白，親情的抒發，往事的追
述，都予人印象深刻。幾封家書，
紙短情長，令人回味。
一介村姑，出了五本書，令我輩科
班出身的汗顏。應該歸功於您的
天分，以及生命的歷練。後者尤其
重要。一句「沒有治憶悔的良方」，
哪是凡夫俗子所寫得出來的！
我的舊書，贈行新印。出書之後
會送一本給您。
祝
平安
羅悅玲於寫
二〇一一．五．十八

羅悅玲老師寫給作者的信

註　原來我已被莊校長，收錄到他編纂的《芎林鄉志》「台灣光復後的文藝創作者」之列。

移人來去

民國一〇七年仲秋，某日恕兒跟我說：「媽媽，世新大學的夏曉鵑（留美博士）教授，她讀了爸爸的自傳《王維經九十自述》深受感動，認為有時代的價值和意義。因此把它改編成一齣話劇，劇目就叫做《移人來去》將於十月初在木柵三十六房表演廳演出。」

我聽了很詫異，心想我和夏教授素不相識，而且維經的自述只印一百五十本，分贈大陸和台灣的至親好友留念，並未對外銷售。問恕兒夏教授是在怎樣的機緣下讀到的呢？恕兒說是一位在世新大學讀研究所的摯友拿給她分享的。

恕兒說夏教授的父親是湖南人，母親是苗栗客家人，因此，她也會使用流利的四縣客語，算是大陸來台同胞的第二代。她目前正在研究一九四九（民國三十八）年，大批大陸同胞來台的「去留」情形。

當年大陸同胞為逃避國共內戰之亂，紛紛攜家帶眷逃到台灣來。家世富裕的同胞帶著金條和家眷來，在此稍歇喘息後，即轉往美國、加拿大或澳州、紐西蘭移民；其中也有轉回到香港和澳門去，但絕大多數同胞選擇留在台灣，娶妻成家，落地生根。但也有少數同胞因思鄉念親情切，重返大陸去。

據恕兒說，夏教授已退休的教授兄長，飾演劇中男主角。恕兒當年讀世新五專部時，參加校內話劇社，曾得過兩屆校內最佳男演員獎。七十九年夏專三時，他因主演王爾德的《不可兒戲》劇中之「亞吉能」一角，他發揮得淋漓盡致，因此獲得北區大專盃最佳男演員獎。所以他在此劇中也扮演一個小角色（主角老家族親）。

《移人來去》演出那天，天氣晴好，忠兒開車陪我前往觀賞。

當序幕拉開，但見男主角在家繞室徘徊，他在離鄉五十一年之後，因政府開放兩岸大陸探親，才聯絡上老家親人。得知他的髮妻仍健在，堅貞不移，固守家園，上侍婆婆，領養堂弟之子入嗣，苦苦等待他半個世紀，令他驚喜又感動。

有了妻子的訊息，他內心非常地激動，高興得熱淚盈眶，不能自已，然而內心卻也摻雜著憂慮和痛苦，因為他不知要如何向台灣的妻子解釋，老家有妻室的事實。因此他內心掙扎，忐忑不安，擔憂一旦向妻子表白事實，她會體諒，這是時代造成的結果嗎？為此，他躊躇坐立不安。

台下的觀眾則隨著劇情的發展，心緒為之跌宕起伏。劇中男主角終於鼓起勇氣，向妻子坦誠表白事實，懇請她原諒。台灣的妻子，乍聞丈夫在民國二十五年讀中學一年級時，在老家由母親作主，已經結了婚……所幸妻子非但沒有責怪於他，反而說：「那是我尚未出生之前的事，我哪管得著啊！」

讓忠厚老實的他，霎時放下心中的懸石。妻子反而催促他快去辦探親手續，早日返鄉與髮妻兒孫團圓。並積極準備夫婿返鄉之伴手禮，上街採買厚衣夾克和紀念的金戒指等。

雖然返鄉一趟要花費不少金錢，但妻子沒有半句怨言，安慰他，為他慶幸，家人隔岸相望相盼幾十年，終於與妻兒聯絡上，希望他心無掛罣，快快樂樂早日成行。完成返鄉探親的心願。

男主角回到千里之外的老家，見到白髮蒼蒼的髮妻，兩人相擁泣不止。髮妻非但沒有怪罪於他，想到丈夫少小離家，數十年來在外漂泊，形單影隻的孤寂歲月，心疼地安慰說：「回來就好，回來就好！」

春節後，男主角由兒子和媳婦陪伴去上墳掃墓。回想當年他離家時，母親的身體還很健朗，如今歸來不見慈顏，眼前卻只剩一堆黃土！他哭倒塵埃，抬首問蒼天，蒼天無語！他深責自己的不孝，身為人子，卻沒能奉養慈母終老。他想到大姐家書上所敘，母親臨終遺言，囑他回家到墳上添捧土的叮嚀，悲慟難抑，淚灑墓塋。

兩年後的清明，男主角帶著台灣妻子返鄉掃墓。在老家他看到兩個妻子相扶持，和睦相處，歡喜闔家慶團圓，他臉上漾滿寬慰和幸福的笑靨。

之後幾年，男主角帶著兩個在台灣出生的兒子，返老家為祖先掃墓，表達對祖先誠摯的緬懷和追思。

謝幕後，演台灣妻的演員，特別走過來和我握手致意，並大聲說：「王媽媽，您好大氣喲！」又問我她演的好嗎？我感謝說，妳詮釋得很好，我很感動，謝謝妳熱心演出。

其實剛剛在台上，熱情參演的幾位先生和女士，並非職業演員，但他（她）們把每個角色的身份拿捏得很好，非常難得，令人激賞，餘味濃濃。

我因來觀賞此劇，得以認識這位多才多藝的夏教授，為了感謝她的熱忱，把維經的自述編成一齣話劇演出。之後，託恕兒轉送四本拙作相贈，請她賞閱並指教。

夏教授讀後和恕兒說，她很驚訝，初中都沒讀的媽媽，靠自修竟然寫了四本，感人肺腑的散文書，表示找一天定要拜訪我，好好聊天。

忙於教務的夏教授，課餘潛心研究《移人來去》的動向，抽不出時間。而我呢，又經常台北新竹兩邊跑，中間或又去大陸長住，與兒孫家人相聚，因此雙方老是喬不定見面日期，真是遺憾。

直到一〇八年十月六日，機緣成熟了，在恕兒用心安排下，終於在忠孝東路家，兩人歡喜見面了。

夏教授年約五十許，熱忱誠懇，溫柔婉約，衣著樸實，親切隨和，感覺她傳承了母親客家人的優良傳統和特質。沒有一絲大學教授的架子，我倆毫無拘束地暢懷歡敘。

她略顯好奇說，很想了解王伯伯告訴妳老家有髮妻時，我當下的感受和反應為何？她透著期待的眼神望著我。

我的回答可能有些令她失望吧！因報載很多大陸來台的同胞，把老家有髮妻的事實向妻子坦白後，一般的反應不是大發雷霆，就是破口大罵丈夫欺瞞真相，甚至大鬧家庭革命；返鄉探親回台，夫妻離婚的時有聞，真是不幸！

我平和的表示，當我親耳聽到夫婿跟我坦白家有髮妻時，就和他在自述裡描述的一樣，雖然感到震驚，但沒有生氣或口出怨言質問他。我很理智，把自己跳出來看待這件時代造成的事實，因此當下沒有激烈的辯白和爭吵。說句內心話，我其實很心疼夫婿，為了維持我倆晚來的幸福婚姻，他隱忍了二十年，從不透露絲毫家有妻室的事實，真是難他的謹慎，用心良苦。

婚後他履行當年追求我時許下的諾言，會把我當妹妹或女兒搬疼惜，從沒對我說過一句重話；而且他非常孝敬我父母，友愛我的兄弟，他是這樣地愛我以及我的家人，我當然也愛他的妻兒，這是做人應有的厚道胸襟和良知，不是嗎？

夏教授聽了我如是說，嘆聲道王伯伯很有福氣，娶到您這樣懂是非明事理的太太！

我說維經的自述，是他八十八歲那年立下遺囑，說他百年後，骨灰要回葬家鄉墓園，要與母親和髮妻相伴的心願，這是人之常情，我可以理解。但我心憂在台的後代子孫，若沒有祖先的依憑，將來如何緬懷追思呢？因此鼓勵他寫自傳，如是對自己和子孫有所交待，心安無憾。

一向謙虛國學不好的他（是英文教師）聽了我懇切的建言。在八十九歲春提筆著述，至九十歲夏完成，他從讀初中二年級時別母離鄉，隨校到四川讀書始末，至來台娶妻生子，到政府開放兩岸探親回台為止。

我常想，有些事冥冥之中早有定數，記得我出第二本書《否極福來》時，央請他幫我寫篇序文以為紀念，他自謙自己的國學不佳而婉拒。民國九十九年冬，我原本要幫他整理自述文稿，豈料我在十二月十二日出車禍，而當時我正忙於校對第三本書《紙寮窩紀事》趕在先父百歲紀念誕辰前付梓，因此不得不把他的自述暫時擱下。

維經於民國一百年最後一天往生佛國，生前未能親睹自己的自述結晶，不能說沒有遺憾。之後在他百日之前我做了困擾多時的「膝關節」手術，直到一〇二年才幫維經校對他的遺作。文哲出版社社長彭先生向我提示說：「王夫人，妳先生的自述沒有寫序，妳要幫他寫一篇「代序」這樣才算圓滿。」

我當下愣住，當年婉拒幫我寫序的夫婿，他無所牽掛地走了，如今卻要我幫他寫代序，您說這不是命中註定的嗎？

夏教授和我愉快聊了兩個小時，意猶未盡。在恕兒邀請她去吃火鍋前，我送一本六月出版的《親情融融兩相惜》請她指正。她驚喜說：「王媽媽，您又出一本書了，真了不起，我一定要好好拜讀。」看她摩挲書封面，忠兒繪的兩隻大雞帶著七隻小雞，一家和樂融融的可愛模樣，似愛不釋手呢！

我說這本書內容寫的就是「政府開放兩岸探親」這三十年來，我家兩岸親人互動往來的記述，對家族來說是非常有意義，值得保存的「傳家之寶」呢！

民一〇八年十月

孝女醫生——許旭君女士

我在母胎裡猛吸媽媽的「鈣質」，因此年過花甲，一口牙齒仍堅固健康，沒有一顆蛀牙。一次魚骨刺入牙床，去看牙醫拔除，我才張開口，就被醫生趕下診椅。他說妳很會啃骨頭喃！把上下牙都磨平了，魚骨會自然化掉，不必看啦！

人的牙齒都是對生的，我卻有三十一顆，都三十幾歲了，另一顆仍未長出來，因為少了一顆對磨的牙齒，那顆孤單的牙，卻越長越長，以致影響我講話和咀嚼功能。六十五年去看牙醫，經醫生評估，建議把這顆沒有伴的牙拔除了。

正慶幸年過七旬仍擁有一口好「牙」，某日忽感覺左上牙床中間有一顆牙根，竟然鬆掉了，這一驚非同小可。忠兒拿一張名片給我，說媽媽可到「萬隆」捷運站出口旁的「晶品」牙醫診所檢查，那位醫生技術不錯，很難掛到號。

看名片，這位許旭君醫生，是美國紐約大學的牙醫博士，是紐約大學的臨床助理教授，也是該大學矯正專科醫生，她是台北醫學大學牙醫系畢業留美的。

許醫生年約五十左右，相貌端正，膚色白皙，待人誠懇親切；講話不疾不徐，聲音柔和，充滿關懷之情，讓人感到溫馨體貼。她說妳的牙齒保養得很好，沒有蛀牙，但這顆牙的根已經鬆動，必須拔除，免得影響兩旁的好牙。

我問拔掉要立即鑲回去嗎？她耐心跟我解說，拔掉後要在原牙槽上另做一個凸型牙柱，待穩固後，再套上假牙，與兩旁牙齒靠緊，一如原來的好牙。經她細心解說後，即照一張X光片，然後把鬆牙拔除。她說過一個禮拜再回診做「牙柱」牙柱植入還得看合不合適，才做假牙，修正合和才能把它套上牙柱……總之拔牙鑲牙，不是一蹴可及，所以得勞妳多跑幾趟診所才行。

來回幾趟診所，交談後，我們比較熟稔了。一次她忽問我是退休老師嗎？我回說不是。她笑咪咪說，看妳的氣質這麼好，言談很有內涵，我一直以為妳是位老師呢！雖然我倆只是醫者和患者的關係，但每次聽她親切如慈母般，柔聲細語的叮嚀和安撫，內心就湧起一陣陣的暖意。

來做假牙模型校正時，我探問她：「許醫生，妳看診之暇，喜歡讀散文書嗎？」

她一聽展顏說：「喜歡，喜歡！」

我即從提袋裡取出我第一本拙作《白雲悠悠思父親》送她，並請她指教。她喜不自勝接過書，面露訝然之色，說：「原來妳是位作家啊！我一定好好拜讀，謝謝妳。」我說不敢當，妳看了就了然一切，我不是老師，我的學歷很低……。她翻了翻書頁，說妳太客氣了。

去裝假牙，離開時許醫生送我一枚精美的「母親節」賀卡，我謝謝她的多禮周到，同時也祝福她佳節快樂。

在捷運車上，我迫不及待展開印刷精緻的賀卡，上面卻是寫得滿滿的一封信，雖然很想知道許醫生在信上寫些什麼，但身邊沒有老花眼鏡，視也茫茫，嗯！不急，看這卡片的內容豐盈，待回家去細細品賞吧！

卡片上寫道：

玖香女士：

非常感恩上天，奇妙的緣份，讓我得以認識您這位純真善良又才華橫溢的女士，我真的感恩。

您的大作我已拜讀《白雲悠悠思父親》。非常敬佩您能自學寫出如此感人的文章，一翻開書本閱讀，流暢的文筆，真摯的感情流露，就讓人被吸引住，不忍放下書。

對《白雲悠悠思父親》我感觸格外深刻，從開始閱讀該文伊始，至閱畢，從頭到尾，讓我淚流滿面，不能自已。這文章名妳取得真是好，令人低迴不已。我自己也於二〇〇五年十月失去父親。從二〇〇五年六月到十月，我台北紐約兩地往返了六趟（來回算一趟）有回我回紐約二天，父親又進加護病房，拎起未整理的行李，我又趕緊回台。當時我正在紐約大學教書，在社區醫療中心任牙科主任，但昊昊親恩，我能不回來嗎？

終於歷經三年長考與安排，我於二〇〇八年五月返台定居陪伴母親。希望能稍為安慰母親的傷慟，也讓自己免除一些遺憾。

感激再感激，您的書帶給我的感動。祝您健康平安。

PS：將此書贈予母親前，我先睹為快，母親節快樂

二〇一一年四月三十日

我讀完許醫生對父親思念的卡片，不覺也淚流滿面。

洗牙再見面時，我把《否極福來》、《紙寮窩紀事》兩書送許醫師，她卻堅持要付書款，我只得收下。過不多久，一天我收到許醫生寄來包裹，裡面是一個大喜餅和一包蒜炒花生。她在信上說，這兩樣土產皆是她彰化家鄉的名產，寄給我嚐嚐。

這意外的禮物，真是太令我感動了，許醫生真是一位誠摯熱情的好朋友！

民國一〇六年，我又出了一本《堅忍修得一世緣》的自傳，去「晶品」補牙時，送一本給許醫生賞閱。她稍微翻了翻後，開心說：「劉女士，這本書很棒，我要買五本送親友欣賞，當下即付書款給我。許醫生這麼愛讀我寫的書，我驚喜萬分，她可說是我的「知音」呢！

兩年後，我再出一本《親情融融兩相惜》立即掛號寄贈許醫生留念。去洗牙時，她要付書款，我坦誠說這本書，只印兩百本分贈親朋好友，不賣。她說我母親很愛讀妳的書，實在又親切，很想跟妳見面聊聊呢！

這年秋後，我又接到許醫生寄贈的包裹，裡面是一個黑白相間，素樸雅緻的紐約櫛比鱗次大廈街景小背袋，和一盒名牌「巧克力」糖，還有一個鑰匙圈及風景名信片。受此饋贈，內心非常感動，立即寫信感謝她多禮和貼心。

除夕夜忠兒整理舊信件時，說媽媽，這裡有一封給您的賀年卡耶！接過一看，原來是許醫生十二月寄給我的賀年卡！我這個糊塗兒子竟然忘了交給我，讓我失禮數沒回她賀卡，真是抱歉又慚愧！

許醫生的賀年卡上寫道：

玖香女士，您好：

我一直為能因為看診的機緣，得以認識您這位文采豐盈，心思細膩，胸懷寬大的女性，常常深深感謝老天，也感到喜悅。我的母親透過閱讀您的著作，對您夫婦二人，亦是讚譽有加。

近日我到紐約參加全美國最大的「大紐約牙醫會議」七天，帶回來一些紀念物品及伴手禮，與您分享。

其中也有Johns Hopkins約翰霍普金斯大學醫學院的紀念品。因為今年暑假我帶了台北醫學大學學生到Johns Hopkins實驗室，作二個月的交流學習。

值此年終歲末祝您佳節愉快，來年身體健康，事事順心，闔家幸福安康

晚**許旭君**敬上 二〇一九年十二月十七日

年後我即寫信表示，我沒即時回她賀卡的歉意，請她見諒，並向她拜個晚年。許醫生送的小背袋，非常實用，裡袋夠深，可放手機和眼鏡及錢包，外面的放鑰匙和面紙。朋友見了都說這個背袋很別緻，問哪裡買的？我說不是買的，是一位知己朋友送的。現在出門我都背著它，方便極了。看到這個背袋，摩挲著它，就好像見到許醫生溫藹的笑顏一樣親切。

古人云：「百善孝為先」這個「孝」字，許醫生做到了，她義無反顧放棄美國高薪教職，毅然決然回國執業，就近陪伴母親的「孝心」多麼令人感動敬佩啊！

希望我們都能盡孝道，讓雙親安度晚年。

一〇九年正月

許旭君醫師赴紐約開會，
贈作者精緻小背袋。

奇妙的文字緣

今年為避嚴峻的「新冠肺炎」在台北憋了很久，只得往鄉下逃避。在台北出門必戴口罩，在鄉下天寬地闊，出門目光所及不是成林綠樹，就是青翠的丘陵，陽光普照，空氣清新。在家附近散步也無須戴口罩，只有走出住家密集的巷口，或到市集採買什物時才戴上，真是逍遙自在。

但是，兒孫都在台北，我總不能常住鄉下，讓家人牽掛啊！過一陣子，還是得回到人車擁塞喧囂的都市。一次上公車，已然刷了卡，卻被司機喝斥趕下車，我一陣錯愕，愣在當下，經人提示，我沒戴口罩！啊，原來如此。

我只得轉身過馬路，爬樓梯回家取口罩。唉呀！忘了戴口罩，就坐不上公車，當然也進不了運動中心去游泳。

在這生活空間處處受限的都市，待了個把月，只有勞兒子開車送我去鄉下，呼吸新鮮空氣。以往我不是搭國光號汽車，就是坐高鐵返新竹。自疫情猖獗後，兩兒顧慮老媽的安全，再也不讓我搭大眾交通工具了，而由他兄弟倆輪流接送，也因此，讓我深深體會到兩兒的孝心。

七月二十三日恕兒排休，特來新竹接我返台北。二十九日「心血管疾病」回診拿藥後，於三十一日，我又回新竹。當我回到紙寮窩家，五弟邦新交給我一封信，說是「大華科技大學」的校長寫給我的。我說並不認識這位校長，她怎會寫信給我呢？

五弟說這位校長人緣好，她七月三十一日退休，前兩個月他的長子得瑨（在大華任職）把我的拙作《白雲悠悠思父親》送給校長。她讀後，在退休之前的七月二十七日，到五弟家想和我見面，不巧我返台北去了。我倆慳緣一面，她就留下這封信，請得瑨代轉。

我即展讀校長大札，上云：

玖香女士：

從得瑨處拜讀您的大作，非常欽佩，您的文筆極好，文字洗鍊，對鄉土親人懷念之情，豐富感人。

您是中副作者，我自小就是中副讀者，我的母親王文漪女士也是作者，跟您一樣都是散文作者，所以您的文章拜讀起來特別親切。

我來大華（現改名為敏實科技大學）工作僅十五個月，台北新竹奔波，異常辛苦，所以退休了。很高興認識您與您的家人，送上兩本我母親的作品。保重！

浣芸　七月二十七日

校長除給我親筆信之外，還贈送一條別緻的領帶，以及她高堂的兩本著作《生命之蓮》和《王文漪自選集》過去我常讀到王前輩在中副發表的文章，從不錯過，一定詳細拜讀。讀校長的信，當王文漪三個字躍入眼簾，感到熟悉又親切，好像見了故人般歡喜。

我立即翻出民國七十二年七月十一日，泛黃的中央副刊，上面那篇〈觀察員〉是拙作，下面一篇是龔書綿（畫家高逸鴻夫人）寫的〈王文漪與我〉我再重溫一遍，才知曉浣芸校長是留美的「心理學博士」是位了不起的青年學者呢！

重讀這篇文章，更了解王前輩是金陵大學的高材生，民國二十八年即開始寫文章投稿；她除了鍾情散文外，還擅長丹青，專攻「蘭竹」曾在美國芝加哥開畫展，義賣所得全數捐給「愛國救國基金會」她愛國的心志堅定強烈，令人崇敬。

王前輩的散文《生命之蓮》詞藻優美，清新自然，竟境高遠，既富禪意，也蘊涵哲理，令人為之嚮往，那灑脫飄逸自在又寧靜的境界。

捧讀王前輩這兩本著作，也才了然，她來台後從事文藝工作，成績斐然，曾主編「軍中文摘」、「軍中文藝」後首創刊「婦友」月刊。曾榮獲中山文藝散文獎，等多項殊榮，成就非凡。

我寫回信感謝校長的饋贈，同時附上龔女士寫的〈王文漪與我〉舊報。當我九月下旬返芎林時，得瑨侄又轉交一封校長的回信。內云：

玖香姊：

七月底退休，遲至八月下旬才接到您的來信，世界真是很小，民國七十二年七月十一日，中副竟然同時刊登您與高伯母的文章（有關我母親）這真是人間緣份。我請政大圖書館找到掃描檔，我會再轉給得瑨，因為是掃描檔，非電子檔，所以不是很清晰。

我母親已過世二十三年了，她是以四十二歲高齡生下我，所以她離世時也已八十五歲了，如果她在世知道我和您聯繫上，一定非常高興！

您的另一本大作《紙寮窩紀事》（校長來五弟家時，弟送給她的）我正拜讀。您的文筆非常好，敘事能力也很強，真不愧是芎林第一才女作家。

我自己也覺得很有趣，來大華做校長十五個月，我就對「紙寮窩」很眼熟，及想到經由得璿了解芎林與您們的先祖們。

這個星期六，是我退休後第一次回到大華，所以提筆寫信給您，請得璿帶上。得璿是非常優秀的員工，做事認真盡力，任勞任怨。您們家風影響甚大。

祝　平安喜樂

浣芸敬上九月十五日

我與校長未曾謀面，拜讀她的手札，聽她娓娓道來，就像多年老友般親切自然，滿懷歡喜。

說來人生的際遇真是奇妙，我到台北工作時才接觸中央日報，我這個連初中都沒讀的鄉下女孩，有機會天天閱讀副刊上的佳文美句，陶醉在優美雋詠的詞章中；日子久了竟學起塗鴉，而且又非常地幸運，受到編輯先生的青睞，文章被採用，讓我躋身中副文藝園地一隅，得與諸位前輩及當代作者同享喜悅與榮耀。

王前輩始於民國二十八年投稿，兩年後我才出生。二十八年後的五十六年，我才習文投稿。我把這共同熱愛文藝的文字緣，歸於前世即已結下的「善緣」之後寫的文章，有幸與王前輩同登中央副刊。五十年後我年屆八旬（虛歲）竟然得蒙這神秘善緣的牽引，與王前輩愛女通信聯繫上，您說奇妙不奇妙啊！

民一〇九年十月

眞摯情誼香如故

高鐵通車翌年，我決定去高雄探望多年未見的兩位摯友。一位是同事張灼珍老師，一位是我在台北工作時，住在樓上的鄰居胡太太——道雲女士。

聽說坐高鐵是一種享受，行車穩又快捷，車廂豪華寬敞，比坐飛機還舒適。我和維經都享有敬老的優惠票價，於是我倆在新竹站搭車南下，坐上感覺沒多久，車已抵終點左營站。

張老師得知我夫婦要去看她，很開心，說會在出站口迎接。我老遠就看到張老師興奮地向我倆揮手了，原來我倆要搭計程車到她府上苓雅區的，這麼巧她住在台北的弟弟正好回家，於是姐弟倆就到車站來接我倆。

我和張老師共事三年，她是位盡職的「食品加工科」專任教師，教學認真負責，很受學生愛戴。我是科裡的工友，是有緣吧！我倆性相近，樸實勤勉，相談契合。

一次她對我惋惜說：「劉小姐，以妳在食品（指中式麵食）方面豐富的知識和經驗，還有做人的原則，負責盡職的態度，妳是夠資格當老師的，可惜就少了那張紙（指文憑）。」

張老師未婚，她在台北任教，一放假即搭「統聯」夜車返高雄看望父母，長途來回非常辛苦，見到雙親安好，她就放心了。

我退休幾年後，張老師也提早退休，回高雄專心服侍雙親，照顧生活，讓二老心裡踏實，又感欣慰。

我倆在張府見過張老師和藹可親的雙親後，張老師陪我倆到附近走走。經過一棟四層樓寬敞的房子，張老師說這棟房子只賣八百萬，多便宜啊！在台北一層就要千萬以上！

中午張老師請我倆在「王子大飯店」吃自助餐。民國五十九年，維經曾參加大專院校的教授團，應政府之邀，參觀十大建設的中船和中鋼，就是入住這家飯店的。

餐後灼珍老師相陪到「愛河」邊閒逛。她忽驚喜說：「劉小姐，妳是位福星耶！高雄每天艷陽高照，怎麼妳一來，卻是大陰天！瞧，我們不必打洋傘，多自在啊！」

約三點多，我倆告辭要去三民區看胡太太，張老師姐弟送我倆前往。車行不到十分鐘，天上忽降傾盆大雨，張老師興奮地說：「劉小姐，妳可真是位福星耶！高雄好久不下雨，妳一到即帶來大雨，氣溫下降好幾度，多涼爽啊！」

因大雨不歇，張老師姐弟送我倆到明賢路社區門口，即返回苓雅區。胡太太已在彼等候了，經過花木扶疏的庭園和游泳池，即搭電梯直上十四樓。胡先生見了我倆，拱手說：「稀客，稀客！」

說來這也是有緣的朋友，當年我在台北幫傭，胡家就住二樓，同一個大門出入，每天都會碰面。東主三月遷入，第二年冬，我辭工返鄉完婚。

我在東家工作長達八年整，每年春節還不許回家和父母團聚。我結婚時東主太太，僅僅送我兩塊她與人合夥跑單幫，賣不掉的衣料。

而胡太太，她只是樓上的鄰居，我辭工時，她送我一個兩百元的大紅包（那時一般是一百元）可想而知我是多麼地感動，感謝胡太太對我真摯的祝福。而我僅僅為她熬一鍋粥而已，她就如此真情相待。

婚後，我們一直保持聯繫。胡太太兩個女兒大學畢業後，雙雙留學美國。長女小真是碩士，與大陸青年結婚，育三子女；次女小敏是博士，嫁美國醫師，育兩子。

一回我夫妻去延吉街看她，胡太太說，先生和朋友相約下午一點來家打麻將。

於是請我倆到忠孝東路的「鼎泰豐」吃飯。胡太太一口氣叫了好幾籠蒸包和蒸餃，我忙說不要再叫啦，我們三人吃不了那麼多！

胡太太說吃不了，打包回家吃啊！我這才了解，她是有意多叫，要我帶回家的。出來走到馬路邊，她攔一輛計程車送我倆回家，塞給司機兩百元，說多退少補，其實四段到五段車資不到百元。她就是這樣貼心周到，令我倆非常感動。

年底胡太太忽來舍下，說她將遷往高雄長住。台北氣候讓她的氣管很受罪，南部氣候乾燥，對她的老毛病會有改善。於是留下新居地址和電話，說歡迎我們去高雄玩。

我退休後照顧兩孫，只在每年春節以電話向胡太太拜個年，聊聊近況。現在兩孫都上小學了，我也輕鬆不少。暑假聯絡上胡太太，我倆這就來看看老朋友。

胡太太住在頂樓，有三房兩衛，一廳兼開放廚房。她入住後，隔壁住戶要出售，她立即把它買下來，兩戶打通，變成六房四衛、兩廳兩廚，暑假女兒一家返台探親住著舒服。

我和維經原意要住上幾天，大家好盡情聊聊。可是晚餐後，到就寢前，我竟喝了十幾杯開水，仍覺得渴。維經說晚餐飯菜也不鹹啊，怎麼老覺得渴呢？尋思之後得到答案「高雄的空氣就是熱熱熱！」讓久居台北的我受不了啦！

翌日我和胡太太說，電視報導有颱風來襲，我們來時忘了關二樓的落地窗，下午我們就得回新竹啦！胡太太聽了笑說是不是「席夢思」床墊太軟，妳睡不慣啊！

我笑答不是不是，下次來一定把門窗關好，才放心住下。

第二年胡先生就往生了。留下胡太太一人，所幸她兩個外甥女住同社區，時相探望，稍解她失伴的寂寥。

一百年冬維經往生後，○一年三月我在他百日前做了「膝關節」換置手術。出院後接到道雲姐電話，她關心問：「玖香，妳怎麼這樣喘啊？」告知我術後正痛苦做復健，所以致此。

兩天後，道雲姐寄來兩瓶「紫雲膏」說可做復健按摩用。我真的很感動，她的貼心。

一○三年，忠兒買的高雄旅遊券，卻無暇消受，於是叫弟弟載我去消費掉。第一站即是探望久違的道雲姐，那時她年屆百歲的高堂，已從鳳山過來和道雲姐同住，母女倆朝夕相親，有個照應，一舉數得。

老太太皮膚白皙，肌肉結實，身體硬朗，外貌像七十歲。老人家每天必與牌搭子，摸上八圈才盡興。道雲姐和媽媽介紹，說這位就是我常提到的「玖香」，老太太轉頭瞅瞅我，說：「沒見過，不認識！」道雲姐說，六年前她和王先生來過呀！怎麼不認識？

老太太目光犀利，堅定說：「不認識！」，老太太的記性真好，她沒說錯。我和維經來的那年，她還住鳳山，是沒見過。

當晚道雲姐即約她的大姐和妹妹、弟媳、外甥女，連我母子共十三人，去吃火鍋。讓道雲姐破費了，盛情難忘。辭別時，我說兒媳倆明天帶我去旗津看看，後天直接回台北，就不再過來看各位啦。道雲姐殷切說明年再來。

三年後，我回山東維經老家長住兩個月。回台即決定帶一些山東的土產青耳、紅棗、山楂乾和新竹的梅乾菜，去看道雲姐。

看到她氣色紅暈，精神粲然，真為她高興。這回我毫無牽掛地住了四天。道雲姐每晨陪我到附近健走，然後在公園和老朋友打太極拳，才回家吃早餐。

她帶我去糖廠尋幽懷舊，又去「澄清湖」悠遊，兩人像孩童般無憂地逍遙一天。可真有緣，我每次到她家，都遇到她兩個女兒打電話回家，我們就隔洋聊了一會兒。由此可知，道雲姐的女兒有多孝順啦！還不忘說謝謝阿姨來看我媽。

○八年初夏，我又搭高鐵去看道雲姐。我做一鍋「梅乾扣肉」帶去。中午道雲姐吩咐外勞蒸熱品嘗，她兩個外甥女嘗到道地的梅乾扣肉，直呼好吃好香，把濃濃的湯汁澆飯，真下飯。問我怎麼做，我說要顧好火候，慢燜急不得。

這回道雲姐陪我到「衛武營」參觀，赫！衛武營可真是大呀！因為太寬廣，一個上午逛不完，只有打道回府。

道雲姐的外甥女，特別請假陪我去坐「輕軌」然後到「美麗島捷運站」看「石貓」拍了不少各種姿態的可愛貓咪。

這天道雲姐買了麵粉和韭菜、絞肉，要我教她做北方麵食。於是從和麵開始說起，和麵有三不拈原則，一不拈手、二不拈和麵盆、三不拈擀麵棍。和好的麵團要用布蓋上，讓它醒醒，即書上說的「鬆弛」，不能馬上包。

結果那天我們手忙腳亂，做了四張蔥油餅，七八個韭菜餡餅和韭菜盒子，剩下的麵就擀皮包水餃，玩的不亦樂乎！

回想和道雲姐一塊出遊，和包餃子的快樂時光，這也快兩年了。當「新冠肺炎」嚴峻時，我們只能靠電話問候雙方思念情愫，衷心祈願「新冠肺炎」快快消失，讓天下蒼生，早日恢復正常生活，我和道雲姐就可以見面促膝敘懷啦！

人美、字美、心更美——黃淑琴老師

忠兒當年購屋時，蒙屋主謝翔鶴先生伉儷的仁慈，說給年輕人一個機會，自動降低售價割讓，令忠兒夫妻感銘在心。忠兒喬遷吉屋後，曾邀請二老回麗水街老家來看看，這都十五年了，那時忠兒兩個孩子還在學齡前，如今長子已上大二，女兒就讀高三，都長大了。

忠兒為了感恩，光復節那天開車到謝府接兩位長輩，回到他倆熟悉的「六品小館」歡敘，飯後再回老家坐坐。

謝伯伯嵩壽九十有二，溫藹慈祥、清癯健朗、神采粲然，爬四樓神閒氣和，我們看了很高興。謝伯母是位能幹傑出的女性，心胸開闊，親切健談。兩老從五樓花園下來，和我們一家人聚在客廳，談今憶往，聊得很愉快。直到四點多，才依依不捨下樓，忠兒開車護送二老回府。

之後忠兒送我回芎林。第二天晚上忠兒來電話，說謝伯母說她和我的老師黃淑琴，每週有兩天一起學畫、寫生……。乍聽黃老師芳名，很驚訝！我問謝伯母怎知她是我的老師？即囑忠兒快和謝伯母聯絡，要黃老師的電話號碼和地址，我要寄兩本書給她。

忠兒傳黃老師的手機號碼給我，同時傳來謝伯母和黃老師寫生的合照。我自九十九年寄贈《紙寮窩紀事》給黃老師後，因照顧老伴，就沒再聯繫了。今天獲知老師的訊息，非常高興。

我立即與黃老師通話，告知我已失聰多年，雖然戴著助聽器，仍然聽不大清楚對方說什麼，很不方便，我說寄書給您，看了就了然我這幾年來的生活概況了。

我因少年失學，六十四年台北市的南港和萬華兩所國中開辦夜補校，讓早年失學的社會人士，重拾課本進修。當年我兩個孩子上幼兒園大班和小小班，而外子每週有一天去夜大兼課，我若去上學孩子就無人照顧。外子疼我仍鼓勵我去圓夢，說他兼課那天，可請芳鄰讀高中的女兒來家裡陪孩子。

那年我已三十好幾了，鼓起勇氣去報名入學。國中課程有國英數、史地生物、健康教育和公民與道德共八科。國文每週有六節課，其中兩節是作文課，這是我最喜歡的。

開學後，我被推做班長，除上下課喊口令外，上課前要到辦公室拿上課日誌。我到辦公室，日間的學生對我敬禮說：「老師好！」，我馬上表示我不是老師，是夜補的學生。

我們的國文老師黃淑琴，她比我年輕十歲，甜美樸實，和氣親切，黑板字寫得端正有力，非常好看。她教學認真，又有耐性，經她詳細講解，我才知道，原來寫作文有「啟承轉合」的規範，讓我茅塞頓開。

我們第一次的作文課題目是〈重為學生〉非常適切，很好發揮，發作文簿是我最期待的時刻。老師誇我們都寫得很好，非常難得，她說其中一位寫得最好，她在辦公室批改時，其他老師拿去傳閱。

老師叫我名字時，我上前從老師手中接過作文簿。她說：「劉玖香妳就琅讀給同學分享吧！」我很緊張，耳根發熱。翻開作文簿看到老師用朱筆打九十分，心裡嘀咕，不是一百分，怎麼說是最好的呢！回座我就傻傻地唸給同學聽。老師在文後的評語是——流利暢順，非有深切之體驗，實難為之。

後來我才曉得作文不比其他科目考試，九十分是很高分啦。一次寫〈心裡的話〉

說拿身份證到郵局開戶，裡面的小姐瞄到學歷欄，跟旁邊的同事說：「才小學畢業……」的羞辱，老師給九十一分，評語：「過去的就讓它過去，莫讓俗事縈繫你心。」並在作文簿內夾一封鼓勵我的信。

玖香同學：

看過你的文章，益發使我覺得自慚，更是戰戰兢兢，唯恐誤人！妳的文章已至熟練，這是生活造就，也是妳自己努力的結果，也許妳該走上這條路，所以上天給妳嚐受那別人所未嚐的生活洗禮，若妳沒經過那段辛酸，也沒有今日的妳，望妳利用這天賦與毅力，好好從事寫作。我也必須善自敬醒，多吸收學問，勿以此而自足，否則年歲日增而日覺空乏，悔之晚矣！

共勉之——

黃淑琴上

我把老師給我的勉勵函當寶，珍藏至今。

我上夜補校進修，外子去夜大兼課那天，兩個讀幼兒園的孩子，芳鄰的女兒幫忙照顧得很好，我也就心放了，這樣不知不覺過了兩個月。

一天我問忠兒，大姐姐做完功課後，有陪你和弟弟玩耍嗎？忠兒說姐姐沒陪我們玩，她不看書的時候，就拿媽媽的信看。我一聽大為吃驚，她怎麼可以開別人的抽屜，偷窺別人的信件呢？這還得了？這些信札都是我交往六年的異性筆友廖兄（註一）寫的，好在內容無不可告人之事，大都是交換讀書心得，和育兒經及生活瑣事。

外子知道後，說以後他去上課那天，我就請假在家顧孩子。這樣變成我每週固定那天的課，無法學習了，為了孩子也只有如此。

翌年四月，我幸運獲得外子服務的學校，一個編制內的工友職。忠兒九月屆齡上國小讀一年級，我白天工作，晚上進修，只有在下班後上學前的短短時段才能和孩子互動，因此孩子常抱怨媽媽不陪他們……，令我不忍又不捨，使我頓萌休學之念，心想魚與熊掌既不可兼得，只能擇其一啦。

這是我在一篇〈回顧與前瞻〉作文中透露的心事。善良細心的老師看到我的困境，給了我詳細的剖析，特別在文後寫道：

一、妳在文章已有很厚根基，重為學生，為一般科目而分心，對妳欲走的文學途徑，想是一項阻礙。

二、若為在人浮於事的社會站立，為吸收更複雜的知識和人際關係，則在學於妳有益。端看妳的決擇與毅力。

琴十月二十日

讀了老師的分析，我決定休學，心想讀書隨時隨處可以滿足。但孩子的成長過程卻不能等待或疏忽，童年是孩子最珍貴快樂的時光，父母應及時把握珍惜，孩子稍縱即逝的黃金歲月。

辦妥休學手續，離校那天，我跟邱主任說，以後我會回來復學，把國中的課修完（我於七十六年復學）。（註二）邱主任說很多同學休學，都說會復學，這十幾年來只有妳復學讀畢業。

休學後，白天下班不必為趕上學忙做飯，晚上可從容自在地和孩子共處，聽聽他兄弟倆在校學習的情形，或背唐詩、畫畫。假日則全家到郊外爬山健行，認識植物和昆蟲，聽聽林鳥啁啾，抒展心胸，其樂融融；要嘛就去看書畫展，陶冶性情，培養孩子對文學藝術的興趣和涵養。

我為安慰自己，曾經寫一篇〈得失之間〉敘述休學理由，投中央副刊，獲得採用。之後忠恕二兒接續讀小學，我則利用零碎時間，練習寫作，自知學識淺薄，文學素養不如人，笨鳥慢飛，作品迭獲編輯先生的青睞刊登，覺得幸運之神特別眷顧我。

七十二年的幾篇散文，〈母親，母親！〉、〈么妹〉和〈觀察員〉竟然躍上中央副刊的「鑽石地帶」，之後寫的文章，總覺得不滿意。陸續寫的文章就往抽屜塞，失去投向報刊的勇氣，說得好聽，叫做「孤芳自賞」。

直到八十幾年，蒙文藝界前輩墨人先生的啟示，他說為免自己努力的心血佚散，建議可自費找出版社出書。於是把多年刊登及未刊載過的文章結集，出了一本《白雲悠悠思父親》，當時考量自己能力有限，不可能出第二本書，結果這冊集子裡竟塞到十七萬字。八十八年三月付梓，意外受到讀者的喜愛。

十六年沒再投稿的我，就在新書出版前，我在元旦寫一篇〈中副是我的導師〉參加中央日報副刊〈中副與我〉徵文，幸運入選〈中副在台五十年紀念〉一書；因此新書的後書耳，才有編輯室加入的那段文字。

退休後我利用服侍老伴，顧孫的空暇龜步慢爬，又寫了十二萬字。有了出第一本書的經驗，我大膽出第二本書《否極福來》，內容是寫民國四十六年全家生病，生活困苦的經歷。此書秋岳叔帶到美國，他一群熱愛文藝的朋友，讀後說：這不僅是散文，其實作者是在寫歷史啊！

本書內有一篇是母校，邀我回去參加鄉土研習營演講時寫的散文〈紙寮窩的守護神〉，此文獲得美國加州一華文週報相中，打越洋電話徵得我同意轉載。之後；為紀念先父百歲誕辰，於九十九年又出一本《紙寮窩紀事》，真是奇蹟。

至此我已出了三本書，自費出書，光排版和製版、印刷費就令人咋舌，以我當工友職低薪薄，實非易為。三本書忠恕兩兒都有奧援，第一本書，三弟邦相說十個兄姐弟裡，只有玖姐出書，當下就贊助一萬元。出第三本書時，邦相弟說玖姐寫父母親的行誼事蹟，很難得很有意義，又贊助一萬元。

秋岳叔（註三）由美返國來舍下，他說讀國小五年級時隨父母遷居新竹，這輩子對在紙寮窩故鄉童年的回憶，念念難忘，在美時很想提筆記述，惜因離鄉久遠記憶模糊，總難如願。如今賢姪女替我完成心願，很安慰，……於是他為表心意拿六百美金贊助。我說印書款已付清，叔不必破費，他一聽板起臉說，妳不收，以後我就不來啦！我只有遵命收下。

一百年最後一天老伴往生佛國。一〇二年春我才定下心整理他的遺作《王維經九十自述》付梓，於當年清明節，由恕兒夫妻陪我返山東掃墓，把他生前的傳述供奉在墓前，告慰他在天之靈。

一〇六年春，我再出《堅忍修得一世緣》這本小集是「夫子自道」算是我的小傳。一〇八年又出《親情融融兩相惜》，此書描述政府開放兩岸探親後，三十年間我和夫婿與山東老家親人往來互動的記錄，值得保存。此兩書不再接受贊助，用自己的老人年金付梓。

獲得黃老師的地址後，我立即把這兩本拙作寄上。十一月三日我就收到老師的手札，四十多年了，老師的字依然端正有力，拜讀它好像有聲音，似與老師晤面，親切溫馨，說不出的高興！

老師寫道：

玖香妳好！

很是興奮的提筆問候妳，收到妳的書，真為妳高興與驕傲，這是我的「學生」啊！其實是我的人生導師。當潘姐（謝夫人）和我聊起她老房子的買主，請她回去看老家，並說起那個藝術家有個作家母親，快八十歲了還出書……我的直覺讓我脫口而出：「是劉玖香嗎？」

果然是妳，緣份是嗎？……

……………

……………

是的，說起緣份，真是不可思議，我和老師是有緣的，而且很深，也可能在上輩子就結了。以我乏善可陳的學歷，今天能寫出五本書，都是老師當年鼓勵的功德，若沒有老師在我背後適時「推一把」就沒有今天的我，我只能說「感恩」啊，待返台北立即去看您，讓有緣的師生好好聚聚。

民一〇九年十一月

續記

台北秋後的天氣，總是又濕又冷，令人受不了。我與黃老師多年未見，既然聯絡上了，想請她吃飯見面好聚一聚。忠兒說下雨天出入不方便，還是等天氣好轉再說吧！

我是個急性子的人，而台北每天飄著綿綿細雨，鎮日濕溚溚地，要等好天氣實難。十二月十一日晚飯後，我催忠兒幫我（我失聰）聯絡，約黃老師，說明天週日中午請她吃飯，並請她幫我邀謝夫人一道來。過一會兒黃老師回忠兒電話，說約好了，明天中午一定到。

忠兒立即在永康街小巷一家「客家菜館」訂桌。

十二日是個好天氣，無風也無雨，真是幸運。十一點半我在飯館門前等候。忠兒則在永康街巷口等候佳賓。我轉頭一望，忠兒和黃老師兩人邊談邊往我這邊走來。見到多年未見的黃老師，我高興極了。趨前問老師怎知他是我兒？黃老師說，妳兒子跟小時候一個樣兒，相貌沒變，所以一見就知是妳的兒子。我驚問老師怎知忠兒小時候的模樣啊？黃老師說，妳曾帶兩個兒子到學校來看我，所以記得。

矣！我怎麼不記得有這回事呢？

黃老師年將七旬，身材容貌依舊保養得很好，跟年輕時一個樣，靈巧俐落，臉上總是笑咪咪地，還是那麼地和藹可親，平易近人。

入內坐定後，兒媳美筠和孫女也趕到，我跟黃老師介紹，說媳婦美筠也當老師。十二點謝夫人趕到，她一到場面立即熱絡起來，她開朗又熱情，見多識廣，非常健談。我們一邊品嚐道地的客家菜餚，一邊閒話家常，非常愉快。

餐後步行回麗水街忠兒家，先上五樓參觀忠兒畫室，再到樓下客廳喝茶聊天。謝夫人好精神，談興甚濃，我們都聽得津津有味，欽服不已。

黃老師聊到有一回，五六個同學要我教她們做麵食，買幾斤麵粉、絞肉、蔥和韭菜，到她家包水餃，做蔥油餅、烙韭菜盒子，還炸「開口笑」大夥開心玩了一個下午。

我笑說英雌不談當年勇，現在叫我捍個餃子皮，都要累趴了，更別說一鼓做氣，連做好幾樣麵食啦！

老師說那時候都年輕嘛，體力好有幹勁。

我們天南地北，一直聊到四點多，意猶未盡。謝夫人和黃老師辭別下樓時，我們互道珍重，相約下回再見。美筠媳婦送兩位佳賓各一份小點心。謝謝兒媳的細心周到。

註　釋

註一　我與廖松根兄從民國五十五年，通信至今。

註二　七十六年復學，七十八年畢業時。在紀念冊上留下一首打油詩；吾本港補一逃兵，少年猶有青雲志；時過再學談何易？相見莫問得與失。

註三　秋岳叔筆名劉欣如，他寫一百多本佛教書，翻譯英、日文書一百零三本，已回國定居。

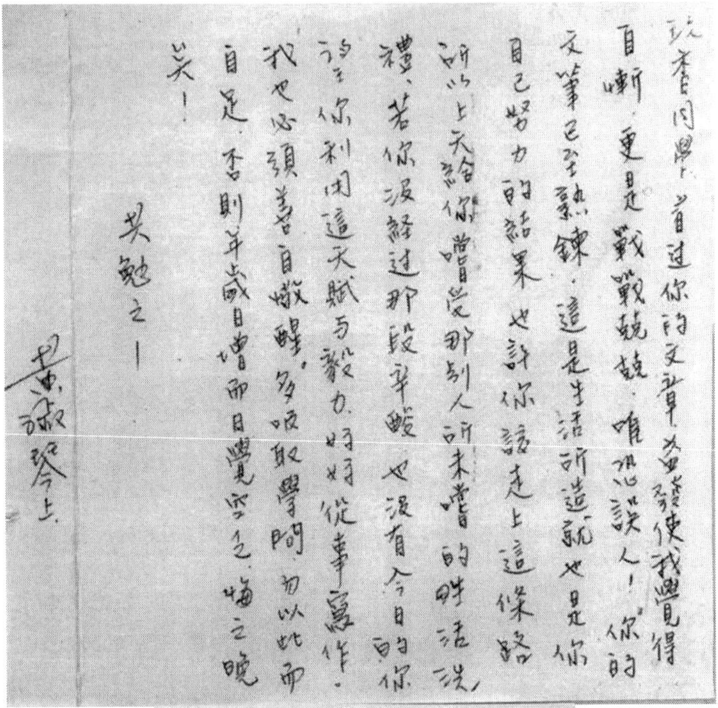

玖香同學：看過你的文章，益發使我覺得自慚，更是戰戰兢兢，唯恐誤人！你的文筆已至熟練，這是生活所造就也是你自己努力的結果，也許你該走上這條路，所以上天給你嚐些別人所未嚐的生活洗禮，若你沒經過那段辛酸也沒有今日的你。請你利用這天賦與毅力，好好從事寫作。我也必須善自警醒，多吸取學問，切以此而自足，否則年歲日增而日覺空乏，悔之晚矣！

共勉之—

黃淑琴上

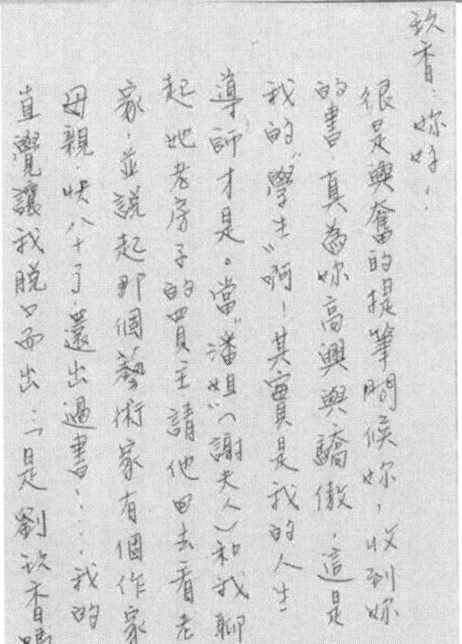

玖香：妳好，

很是興奮的提筆問候妳，收到妳的書，真為妳高興與驕傲，這是我的"學生"啊！其實是我的人生導師才是。當"潘姐"（謝夫人）和我聊起她老房子的買主請他回去看老家，並說起那個藝術家有個作家母親，快八十了，還出過書……我的直覺讓我脫口而出："是劉玖香吧"

黃淑琴老師分別於民六十五年、一〇九年給作者的鼓勵信函

玉碎緣滅

四月四日中午十二點多，美筠媳從外面帶午餐回來，她問媽媽您要吃哪樣的？當時我已吃了一個艾粄，回說媽吃過啦，你們吃吧！

連假兩天來，忠兒忙於樓上小朋友的繪童課。三日他夫妻到市場，採買清明祭祖的供品和水果。今天忠兒才得空上樓趕給朋友的第九幅油畫。我想看看他的進度到哪兒了？順便叫他和孫女下樓來吃飯。

我即上五樓，這樓梯我每天至少會上一次，到頂樓掃落葉或澆澆花。但是，不知怎麼地？我爬到最上面一階時，右腳忽一個踉蹌，身體竟往左邊倒下，左手肘彎壓在左胸下，左臉「叭！」一聲著地，我驚愕在當下。忠兒聞聲從畫室奔來扶我，一臉驚慌問：「媽您跌得怎樣？」孫女蔚綸也趕來相扶，兒媳在樓下聽到女兒驚呼：「奶奶跌倒了。」立即奔上樓來。

當時我驚呆了，但意識還清楚，我的左手臂拗到左胸下痛極，一時沒辦法回應忠兒。忠兒使勁要把我扶起來，我無力配合，細聲說：「緩緩……」約莫過了幾分鐘，我方從胸口吐一口氣，順勢勉強站起來。

忠兒頻問媽媽能站穩嗎？我們去台大掛急診。

媳婦在前，忠兒在旁扶著慢慢，一步一步下樓，蔚綸緊跟在後。美筠到臥房忙找我的健保卡，我說媽所有證件都放在小錢包裡。我尚能走，慢慢走到神龕前，雙手合十恭敬向觀世音菩薩深深一拜，感恩慈悲菩薩保佑。

下樓時兒、媳兩邊護著，叫計程車直達台大醫院急診室，因限一人陪診，忠兒即返家去。

美筠推輪椅讓我坐下，她即填表。經醫師問事發當下情況，他說我左臉有點腫。我說左胸下拗到很痛，他按按我痛處，即開診單，說要照X光片才曉得狀況。

照完X光，一位徐醫師再詳細問事發經過，又問吃藥會過敏嗎？再問之前可有跌傷或動手術記錄？

我回說九十五年八月六日，跌斷右鎖骨、九十九年十二月十二日車禍，左邊頭皮撕裂傷縫合；一〇一年三月換左膝關節手術……我向醫師敘述，身體向左邊倒下時，左臉重重著地，會不會有腦震盪？

醫師聽我敘說清楚，說應該沒有腦震盪。叫我躺到診床上。兩位醫技人員，在我左胸和腰部，塗上滑潤劑，照超音波，滑上滑下看傷得怎麼樣？

醫師說應無大礙，但這三天內要用冰敷傷處，並開三天止痛藥，每六小時服一粒。

美筠繳費後取藥，我們即坐計程車回家。

到了樓下忠兒和蔚綸來扶我上樓。我忽想到看黃曆，今年我似犯了什麼煞。正月初四到新竹南寮富美宮，拜王爺祈福拜斗，同時已制化了。我心驚不已，每每壞事都很準，所幸已制化，才沒傷得那麼嚴重。

不是我迷信，跌斷鎖骨那年，黃曆上注，屬蛇者忌七月不可見空棺，而我當天上午正撞見，上屋喪家的空棺。當年摔下時，頭正懸在水溝上，往左或往右一點點，都是要人命的石頭駁坎和水泥地。

我坐下，忠兒端水讓我服下一粒止痛藥。他扶我躺下，把冰袋放在我左胸上。我說媽這一跌，把你和美筠嚇壞了，唉呀，有些事還真避免不掉。

忠兒說，媽媽沒事就好，以後還是要小心點才是。忠兒說他已打手機告訴弟弟了。媽想等他下班再告訴他，沒想你這麼快告訴他。忠兒說，媽媽您的玉鐲摔斷了，蔚綸已收起來了。

我右手拉起左手袖，一看手腕上果然空空。我倒下時渾然不覺，忠兒若不說，我還是沒察覺，這隻陪伴我二十年的「翡翠玉鐲」為護主，悄悄地犧牲了，我忽有失去一位知己朋友般的落寞和不捨。

回想民國九十年春，我和維經參加學校同仁辦的「桂林之旅」，二十位同事及其家眷，於三月三十一日出發，五天四夜的行程。四月三日遊罷「陽朔的『豐魚岩』美景」午飯後搭車返桂林。下午參觀「玉器專賣店」。

我們一行一踏入店內，即被店裡的服務人員團團圍住，推銷玉器。其他同事各自觀賞琳瑯滿目玉石。我走前面，維經在後跟著，我一直往前走，沒停下腳步看其他的展品。然後往右一轉，再往右一轉，卻不自主地停在一個「翡翠玉鐲」前。服務員立即取出，說：「大娘，這個玉鐲和您有緣呢！」

於是他們想往我左手套上，我說等等，我還沒看清楚它的模樣呢。唔，它的面比一般的寬，有兩段水綠色，一段鵝黃色，其他全是灰白色，蠻潤目，我的手腕渾圓有肉，適合戴寬面的……可是一看價碼——四仟八百元，令人乍舌，對我來說太貴了，我買不起。

旁邊一位陳老師說：「大姐，妳戴這個好看，買啦！」

維經說你們就打個折扣，少算一點嘛！店員似看出我喜歡這個玉鐲。於是自動減價說就算四仟吧！我說四仟太貴，若算六百元，我就買。

他們三人不管三七二十一，拉住我左手，把五指抓緊套上，一骨碌玉鐲就和我的手腕「親密」在一起啦！

我說買不起，你們硬把它套在我手上，取不下來了，怎麼辦？維經附耳說，妳載上真高貴，出他兩仟好了。

我摩挲玉鐲認真說，老闆我再加兩百，八百元買下了。他們看看我粗大的手掌，要取下有些困難，再說這個價錢他還是賺，很乾脆說：「大娘，這玉鐲和您有緣，就讓它跟著您吧！」

於是我從衣袋裡，掏出僅剩的一百美元，成交了。

這個和我有緣的玉鐲，成了我身體的一部份，朝夕相親。十年前維經往生佛國後，它又陪了我十年，一共二十年之久，如今它護主緣滿碎滅，未知上蒼給我什麼啟示？

為了感恩，特別把這斷成四節的玉鐲，將以紅色綿布包裹帶回鄉下，埋於屋前的桂花樹下……

這有靈性，溫潤高貴的玉鐲，和我結緣於九十年四月三日午後，緣滅於一一〇年四月四日午時。

一一〇年四月六日

傲慢與偏見

我學歷低，遲至民國六十五年春，婚後九年才獲得高職學校，一個編制內的工友職，與教書的外子同校服務。

其後中斷兩年，七十三年復職時，同時新進八個男女工友。他們皆有初高中學歷，知我僅小學畢業，而且年過不惑。好奇問我是哪位市議員或什麼代表介紹來的？我答沒有議員介紹，我是復職的，之前已在校服務六年啦。

吳校長深諳用人之道，我在校工作認真負責，忠於職守的態度，受到他的肯定。因此，當外子向他表示我欲返校復職，他欣然接納我，在此我非常感謝，校長寬大仁慈的胸襟，與識人之恩。

之前我在「機械製圖科」服務，和諸位老師職員，相處融洽，科裡一團和氣。我離職後，聽說王啟民老師，一天捧著辭典和張妙峰老師說，劉小姐離開真不習慣，以前有疑難的字，只要問她，就給正確答案，現在遇到困難，卻要自己查字典！

那時科主任林水生老師，正赴美國「匹茲堡大學」進修，科裡接到主任的信，他們就找我代寫回信。

這年外子已退休，我復職後被派至「汽車修護科」服務。本科連科主任，還有七位老師，一名職員管理科財產和申購材料等業務。我除做工友份內工作外，另負責保管消耗材料，發放學生實習請領材料零件。全科僅六班學生，每週四天有實習課，我很快進入情況。

四月初全校高三各科學生，參加「工科丙級技術士」檢定考試。其中「機械製圖科」和「食品加工科」一天檢定完訖。電機科和汽車科，因有私立外校生參加，所以實作檢定長達十天。

這十天緊湊的工作，監考老師和職員，每天中午領到一個飯盒，職員每天領六百元工作費。職員李先生向實習主任反應，說工作這麼忙，劉小姐怎麼沒有飯盒？主任回說：「這些預算早編好的，所以沒有她的份！」

一位電機科老師同情我，說妳窮忙十天，工作費沒得領，連飯盒也無，唉，真是！我一笑置之，區區一個飯盒，我不會計較。

翌年放暑假前，學校各科例行開檢討會議，改善教學缺失。汽車科和化工科，兩科共同開會。會中實習主任，當兩科主任和老師職員面前，大聲指責說：「汽車科週五週六沒有學生實習，科裡就沒有人在……」意指這兩天沒實習課，職員工友沒來上班。

此話一出，科裡的老師面面相覷，科裡的老師就是沒有實習課，也並非不到學校，科裡有職員李先生和我呢！而我是全天候的，怎麼說學生沒實習，科裡就沒人上班？這是指職員和工友曠職，真是胡說。

我們的科主任，聽實習主任不實的指責，非但不挺身為屬下辯正，反而垂首不語，好像默認了。

我聽了也不生氣，我劉某人行得端坐的正，不懼他人誣陷。我桌上的週曆，每天都有要事紀載，有外賓來參觀，都是我開工場鐵捲門開燈的。某日澎湖校長來參觀，主任陪。某日泰國議員蒞校參觀，校長陪；某日韓國校長來參觀……某日製圖科林水生主任，陪他美國「匹茲堡大學」老師來參觀……。

在學校除請假之外，我每天準時上下班，從不遲到早退，上班時間科辦公室怎麼沒人在？這是實習主任信口雌黃，昧著良心說話。我在會議室，心情平和，抬首望向明燦的日光燈，心忖：常言道，抬頭三尺有神明，你昧著良心說違心話，不怕得到報應嗎？

我這麼想著，忽見王主任教官站起來，說他在別校服務時，有人昧著良心說我壞話，我氣得抓住他的衣領問：「你不怕得到報應嗎？」

我仰首微笑，哈！這麼快就有人替我說出內心話了。

會後，我們依往例到外面去聚餐。下樓時廖年淼老師（赴美進修，返國任教國立雲林科技大學）他憤憤地說，他（指實習主任）算哪根蔥哪！把我們科說得一無是處。

邱盛乾老師（後任科主任，進修獲博士學位）無奈地對我說：「大姐，這飯怎麼吃啊！」

我笑說：「誰怕！就是鴻門宴也去！」

到了餐館，校長在前，實習主任像隻哈巴狗似緊跟在後。校長突然對我說：「劉小姐，妳要好好幹哪！不然就不要妳啦！」我會意，校長這話是說給實習主任聽的。但我內心就是不服！

上三道菜後，校長坐到我這桌來，我逮住機會，認真對校長說：「校長！我沒犯錯，您說不要我呀？但您可別忘了，我結婚時，是您證的婚，到時候我若沒飯吃，可得改個姓『賴』到您家去喔！」（註：外子時任學校教務主任。）

校長聽了，把手一揮，笑說沒事沒事，吃菜喝酒。這時實習主任竟涎著臉來向我敬酒，說乾杯！我微慍說：「大主任哪！您下面有組長科主任，還有老師職員，我一個小工友算什麼？您乾杯，我只配咪一滴滴吧！」

我說完坐下，不睬他。這時節科裡的高火生（外子學生）老師，走過來恭敬對我說：「師母，我敬您！」

之後我與一位知己同事提到，開會當眾被實習主任指責的事。她問：妳是哪裡得罪了他？我說沒啊！不過他太太跑單幫，帶回很多日本私貨，珍珠項鍊和藥品化妝品；他拿到學校，打電話通知各科和辦公室，叫大家去選購。我只看看而已，沒買過任何一物，他不會因我沒買，不高興吧！

我自認工作認真負責，規規矩矩，從不蹺班，竟無端遭到實習主任當眾羞辱霸凌，真是豈有此理！

從此之後在校園相遇，管他什麼主任，我對他視若無睹，不再禮貌跟他打招呼問好了。

外子退休前是學校的英文老師，台北市高職聯招入闈，他都負責英文科命題委員。

某日我猛然想到，多年前暑假，他曾到舍下拜託外子一件事，外子斷然拒絕。他不會因此記恨報復我吧？我得想辦法，免得日後他再來找我麻煩。

為求心安，一日我對他的「心腹」說：他那個人，滿腦子壞主意，說我週五週六沒上班，羅織我曠職罪名，陷害我，不怕遭天譴嗎？看他敢不敢當面對我說，那年他到我家拜託外子的是什麼事？」

我深信他這位心腹（女職員），必把我的話帶到。之後，我在校園送公文，他老遠見到我，就彎到別處去，不敢與我正面相遇。不多年，不可一世的他，由實習主任，降調到科主任去了。

兩年後，我調至「食品加工科」我又得重新摸索，孰悉這方面的工作內容。三年後，調至有九個班級學生的化工科。本科學生多，天天有實習課，化工藥品有專業的職員負責。我是工友，又得重新摸索，認識化工實習繁雜多樣的，各種化學儀器和用途。

八年後，我調至實習處服務，直到屆齡退休。

九十一年夏，我退休後才向知己同事（他早我退休）透露，那位傲慢又偏見，令人生厭的大主任，當年他到舍下拜託外子的是「何事」嗎？他聽了，不屑說：「敗類，卑鄙無恥！」

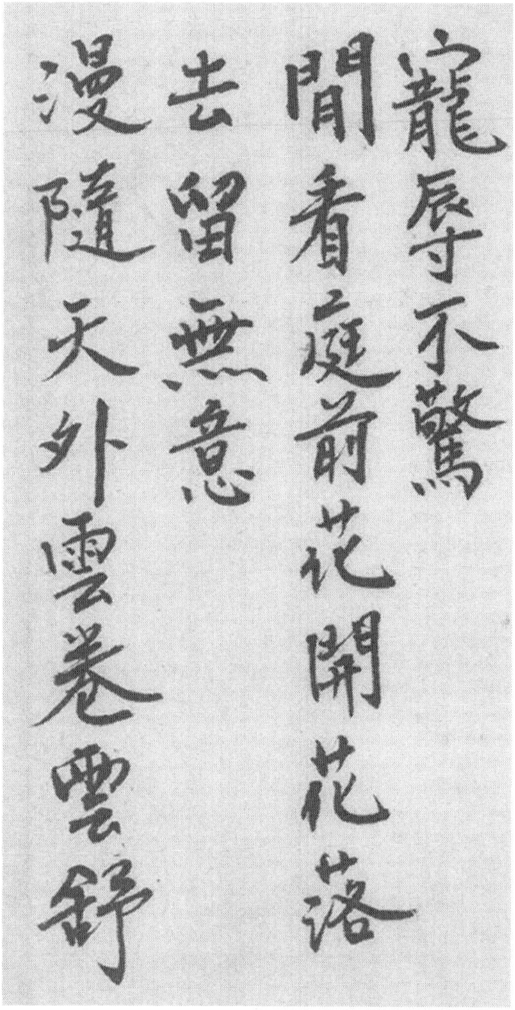
寵辱不驚
閒看庭前花開花落
去留無意
漫隨天外雲卷雲舒

作者以老子《道德經》金句作為惕勵

我的孫女全壘打

五月是溫馨甜蜜，充盈摯愛的「母親節」五月惠風和暢，氣候舒適怡人，讓人感到無比的歡愉。今年的五月，有別於往年，我們全家沉浸在洋洋喜悅中。

孫女蔚綸，就讀新北市立永平高中「美術班」今年畢業。元月底他參加大學學測時，我人在新竹，她叔叔關心她是否考得順利？來電話問：「媽媽！蔚綸考完了，您有打電話給哥哥，表示關心嗎？」

我回說，媽糊塗沒想到，還是恕兒細心周到。

我自失聰以來，雖然戴著「助聽器」兩耳的聽力，仍沒有母親賜予的靈敏。所以非不得已，我幾乎不主動給兩兒打電話，因為對話常會「雞同鴨講」聽不清楚，非常苦惱不便。

經恕兒提醒，我即打電話給忠兒，問蔚綸學測如何，考的怎麼樣啊？忠兒語帶喜悅，說：「蔚綸考完回家來，笑咪咪地，狀極輕鬆，說比自己想像的還要好！」

我聽了很歡喜。兩個孫兒女小四小二暑假時，一次我在新竹打電話給忠兒，問兩個孩子在家可乖啊？忠兒說：「赫！兄妹倆只知打破玻璃，也不練鋼琴！」

我一聽忙問打破哪扇玻璃啊？趕緊把碎玻璃掃乾淨，免得刺傷腳。還有快請玻璃行老闆來按裝回去。

忠兒回說：「媽——他倆沒打破玻璃啦！我是說他倆『打混摸魚』啦！」

待我弄清楚，不覺莞爾，也放下一顆著急的心。

兩孫自幼喜歡畫畫，這多少是遺傳自他父母的繪畫基因吧！兄妹倆小學畢業時，皆以「才藝」優異，獲頒「市長獎」殊榮。

猶記蔚綸小一時，參加一個壽險公司客戶子女的繪畫比賽。這個比賽分北中南三區，國小分高中低年組及幼兒組。每組錄取特優一名，各組的第二名又可從中抽一名幸運者。蔚綸幸運獲得低年組特優獎。哥哥獲中年組第二名，抽到兩仟元獎金。

這個特優獎的得主，可到日本作五天四夜之遊，一家長可同行。因此，兒媳美筠以女為榮，陪女兒同往旅遊。

這個大獎的獎金約十萬元，因此忠兒繳了八仟多元所得稅。

忠兒想女兒去日本遊「迪士尼樂園」哥哥必很羨慕。因此忠兒利用暑假，帶著妻兒一家，第一次自由行去日本旅遊兩週。

翌年，哥哥承緒也獲得此獎項，中年組的特優獎。忠兒又繳了八仟多元所得稅。這次是由忠兒陪兒子前往，回到台灣，翌日正是除夕。

兄妹倆喜歡繪畫，讀小學時，每次參加校內外比賽，都獲得優勝或特優獎，可說是「常勝軍」令同學們羨煞。他父母上班不克陪同去領獎，都是奶奶陪他兄妹去領獎，讓奶奶分享「與有榮焉」的喜悅。

一般熱愛才藝的小朋友，好像對英數理學科，興趣不高，甚或有些排斥吧！不像繪畫享受色彩與線條的視覺美感，隨心所欲，發揮到極至。因此學科總沒術科好，也是一般現象。

蔚綸考高中時，離家最近的「師大附中美術班」她榜上無名。而台北市有美術班的學校，如中正高中、明倫高中，皆沒她的份，心中難免有些許失落和挫折感吧！

當年她進入新北市市立「永平高中美術班」就讀時，成績也非前面的佼佼者，只能算是「中庸」吧！所幸她仍有美術班可讀，這是父母最感欣慰的。

孫女心性純良，求學抱著平常心，只問盡心盡力。難得的是，她從不與旁人計較高下，快樂學習。奶奶發現她上高中後，比讀國中時積極認真很多，這是可喜現象。我晨間散步回家，常在路上遇到她揹著沉重的書包、飯盒、拎著畫具，匆匆趕去搭捷運上學。放學後，就趕去學素描、水墨畫和書法，加強術科實力。

三年來她勤奮學習，享受繪畫寬廣自由天地。她的執著和努力，終於獲得最佳表現。大學學測後，製作作品專集，帶著它和畫作，參加各學校面試。皇天不負苦心人，她勇敢一關一關闖，竟連中「五元」尤其難得的是，關渡獨立招生的「國立台北藝術大學」美術系全班僅她一人上榜；其次台北市立大學、國立臺灣師大、彰化師大和國北教大，她都名列正取上榜，可說是「全壘打」因此可以說是成為全班第一名。當榜單一一揭曉，跌破了師長眼鏡，同學錯愕，驚嘆連連。

奶奶讀小學時，也熱衷繪畫，喜歡色彩和線條之美，遺憾因家貧沒讀初中，無緣延續美術的夢想。及長自覓一條抒發內心世界的途徑，勤奮自修，今屆八十，已出版五本散文書，這就是比「金鑽」還珍貴的無價之寶。

一個人只要目標正確，勇往直前，必能達到理想心願。蔚綸的母親，她也嚮往大學的「美術系」高商畢業後，短期補修術科的繪畫和書法，如願考取「屏師」美勞系，畢業後在台北國小任教。

蔚綸父親從中正美術班畢業，考取台北市立師學院（台北大學前身）畢業後任教國小，七年後考取高中美術專任老師。

蔚綸未滿兩歲時，忠兒跟兒媳說，趁爸媽幫忙照顧孩子，我們去考研究所，利用假日在職進修。兒媳因孩子尚幼小，有所顧慮，有些猶豫。

忠兒說就是因為孩子小，現在若不去讀，更待何時?忠兒遂把未滿三歲的兒子，請父母全天照顧。他夫妻倆趁女兒安睡後，各自挑燈苦讀。雙雙考取「華梵美術研究所」忠兒還考得榜首，但他志不在此。

他胸懷志向，就是要一圓讀「臺師大美術研究所」的志願。他從五十幾名初試者，擠進十五名內;複試幸運正取十名中的第七名。夫妻倆從此沒有假日，寒暑假在職進修，歷經兩年苦讀，兒媳終於獲得「華梵碩士學位」忠兒也獲得「國立臺師大美研所」碩士學位，雙喜臨門。

蔚綸考取臺師大美術系，對父母來說，滿懷歡喜，了無遺憾。

其實我們家三代人，和臺師大是有緣的。蔚綸的爺爺生前，曾經在臺師大夜間部，兼任英文講師十多年，直到六十八年，夜間部停招為止。

國立臺灣師範大學，純樸優良的校風，名師濟濟的學府，是蔚綸嚮往的殿堂，因此她選擇它。校址距麗水街家，近在咫尺，上學不必與人擠公車，天底下有這麼愜意舒心的際遇，孫女蔚綸遇上了。奶奶在此祝福她，快樂學習，學業畫藝，日益精進，是以為記。

民一一〇年母親節

榮獲 102 年度國際藏書票展
國小組　中年級　特優作品

我們這樣走過來

那是一段興致高昂，緊張忙碌，充實豐盈，溫馨甜蜜的日子。我和老伴維經參與忠兒夫妻為「事業、學業、家庭」理想奮鬥的堅忍歷程。十多年來，每憶及此，深感我們一家叨得上蒼的眷顧，得蒙慈悲菩薩的庇佑，和祖上福蔭之德，常懷感恩之心。

這一段珍貴難忘，值得懷念的過往，我這八旬老母，要為兒孫留下珍貴的記憶，留予日後緬懷，是以為記。

九十一年七月，我自學校工友職屆齡退休，八月底即接手照顧，未滿兩歲的承緒孫兒。十月孫女蔚綸報到，兒媳美筠產後返家坐月子。親家母疼女兒，早為她訂妥「月子餐」了，免去我為產婦營養補身操心。但我仍到三重照料兒媳母女，幫嬰兒洗澡，讓兒媳多休息。

豈料，美筠尚未滿月，孫兒突感染「腸病毒」為免傳給嬰兒，我立即帶孫兒返台北。那時南部傳出「腸病毒」疫情，孫兒看診服藥後，幾天仍無見效。他口腔壁紅腫起泡破皮，痛得無法吃喝安眠，只能喝涼奶和冰軟的布丁，小臉明顯清瘦。

看在奶奶眼裡好不心疼！心急之下，跑去找認識中藥舖的醫生娘。問「腸病毒」可有中藥治？她說中國幾千年來都靠中藥治病，西藥治不好「腸病毒」中藥有良方。她即抓幾味草藥，說入一碗半水，熬成半碗服下即可。才二十塊錢，我心裡想這其中必有金銀花、蓮子心和杭菊等消炎解毒的藥材吧！

承緒喝下半碗濃黑的苦藥汁，不到一個時辰，他不再皺眉苦臉，嘶嘶忍痛之聲了。到傍晚開心喝下一碗撒鹽巴的涼粥，一夜安眠。翌日醒來，口腔內的破皮已結疤了。他沒再服西藥，兩天後痊癒，我們又見到他可愛的笑靨啦！

美筠產假結束，返校任教。孫女即託有證照的保母照顧。保母費每月一萬伍仟元，一年加上年終，將近二十萬元，對一個薪資收入家庭來說，可謂吃力。

九十三春孫女一歲多時，忠兒鼓勵妻子，一同考研究所，再上一層樓。忠兒提醒說，趁爸媽幫忙照顧孩子，我們抓住機會，努力準備，最好一舉考上，辛苦一點，利用假日在職進修，兩年即可完成碩士學位。

於是，忠兒把承緒孫交給父母日夜託。下班來，女兒入睡後，夫妻倆挑燈苦讀。

很幸運，忠兒夫妻雙雙考取「華梵研究所」忠兒還得榜首，但他志不在此。不放鬆懈怠，積極準備考「臺師大美術研究所」他從五十幾名初試應考者中，擠進十五名內；再經過激烈的複試篩選，他上榜十名正取中的第七名，如願以償。

兒媳的學費，一學期五萬多元。忠兒的八萬多元，兩人一學期就得繳十三萬多元，昂貴的學費。所幸他倆皆是台北市的教員，可領政府補助四分之一學費。

九月開學後，每週五忠兒下班時，接我和承緒回三重，照顧孫女。週六一早，美筠即趕車到深坑山上，華梵大學上課，忠兒也早出門去師大。白天爺爺坐公車來三重，幫我一起照顧兩孫，晚上住下，週日下午返台北。

週一早美筠上班去，我抱著孫女，忠兒載我們把孫女送到保母家，然後返台北，忠兒把我和孫兒放下，即去上班。就這樣來來去去，不覺過了一個多月。

十月下旬，長孫女莉莉于歸。我和老伴連袂返山東老家祝賀，預定停留兩週。期間克梓兒夫妻臨時決定，陪二老到蘇杭旅遊。我倆滿懷歡喜，難忘梓兒夫妻一番孝心。這也是政府開放探親後，維經第十次返鄉。

返台後，十一月初維經忽暈倒。立即到國泰醫院急診，經醫師詳細檢查後，說身上要背二十四小時的「心臟紀錄器」經判讀後發現維經的「心臟」曾停止跳動，長達十二秒，蠻嚴重。醫師評量後，決定動手術。在左肩下置入「心律調節器」幫助心臟運作。手術順利，住院觀察六天即出院。

我為要專心照護，術後體弱的爺爺復元。承緒孫即臨託妹妹的保母，照顧兩週，每天五百元。

維經術後不再暈倒，我們放心不少。但他躺下起床，仍感無力，我得攙扶他慢慢坐起，拄杖到客廳歇息。我每天燉雞湯或魚湯，給他補身，早上喝鮮奶加蛋白素營養食品，增強體力。因此他復元很快，兩週後，自己能起坐躺下，不必攙扶。忠兒即把孫兒送過來陪爺爺。

忠兒婚後，一直住在岳父家三樓，每日通勤台北市，上下班煞是辛苦。他為孩子將來的教育，慎選理想學區，積極在台北市大安區找房子。前後看了七八間，其中不是太貴買不起，就是住家環境和學區不理想。

最後終看中位在麗水街，屋齡四十年的四樓老公寓。此屋方正，坐北朝南，兩廳兩衛，三個臥房皆有窗，採光極佳，還有十多坪頂加，也有衛浴，前面有十坪花圃。

此吉屋合該屬於他，前面買家沒談成。忠兒以第二順位和屋主面談。他表示買房是要接父母來奉養，方便照顧。他坦白說自備款才三百多萬，要買上千萬的房子，自知能力不及。但岳父母慈愛，妻姐們手足情深，都願伸出援手，助他夫妻圓夢。父親出借的錢，收不回來，只能幫十分之一的忙，不足之數再貸款，而且還要預留一百二十萬的整修費用，所以……。

仁慈的屋主，謝先生伉儷，被忠兒的孝心和坦誠的態度感動。心疼說：「就給年輕人一個機會吧！」於是自動降價百萬元，割讓給忠兒。

忠兒看比父親少幾歲的謝先生，與父親有些相像，性情溫和，慈祥可親，感到非常親切。他體恤屋主孩子皆在國外，兩老搬家不易，貼心說：「謝伯伯、伯母，您倆把心愛的家俱搬過去，其他剩下不用的，我來處理就好。」

兩位長者聽了好窩心，不必為清空房子交屋煩惱操心。

房子三月過戶後，屋主因為另間電梯屋已租人，只好等到十一月租期結束才收回，搬到出入有電梯的華廈安居。謝家只搬走書畫和藝術品，床組，其他籐沙發和活動書櫃等全沒搬。

忠兒抽空請幾位學生來幫忙，屋主的家俱多到丟不完。再搬下樓去時，那些完好的長櫃、桌椅已被拾走。五個人花了整整一個下午，才把屋內的舊物清空。晚上忠兒請學生吃牛排大餐，表達感謝之意。

房子清空，內無一物。忠兒立即請做室內裝潢的劉大哥來規劃。預定兩個月完工，列出一張工程進度表，張貼在樓下大門內，告示芳鄰，施工期間出入不便，打擾之處，請芳鄰多多包涵。並致送每家一個蛋糕，做好睦鄰之道。

十二月一日開工，拆卸的石綿瓦和舊鐵架，及雜物堆集，尚未運走，卻遇十二月颱風來襲。我趕到現場，請師傅費心捆牢綁緊，莫讓颱風把它吹落，砸傷了人，我兒賠不起啊！

我細看施工進度順序，鐵工先進場。上頂樓的木製梯，換上止滑不銹鋼板，堅固耐用。三面外牆改為不銹鋼板。前面是落地透明玻璃門。花園地板全部挖掉，重新打底防漏，再鋪上新瓷磚，平整煥然一新。

接著水電工進場，室內外電線全部換新，冰箱、冷氣各管線及插座配備完訖。就輪到泥工進場，三間衛浴牆面和地板，全換貼新瓷磚。

再來就是木工進駐，每個臥房門全部換新。客廳面向大門的整片牆，下面是兩尺高的橫櫃，上面釘五層開放式書架，這是忠兒親自設計的，師傅依圖施工。客廳和餐廳間隔天花板上的拱型裝飾，改成方正平面，視覺寬敞。

忠兒信任劉大哥，工程進行期間，下班後才去看工程進度，每次看到完成部份，感到滿意，開心向父母親報告。

木作工程比較細膩費時，到了元月中旬後，已逐步完工。最後就是油漆粉刷，做收尾的工作了。

元月中學校開始放寒假，忠兒倆除假日進修外，不必上班。孫兒即帶回三重，孫女白天仍送保母家。兒媳有兒相伴，我即囑她趕緊收拾書籍，裝箱方便搬運。

維經經過兩個月的調養，身體逐漸康復，精神很好，早上能下樓出外散步，平時在家看書報電視，我也放心到麗水街幫忙整理。花兩天才把堆滿雜物的廚房清理出來。這才看清原木一體成型的料理台，謝家留下很多高級瓷器，玻璃杯茶具等，棄之可惜，統統洗淨收納。

再來就是整頓擺滿花盆的頂樓了，九重葛屬陰又帶刺僅留一盆，其餘重複的通通淘汰，除三面花台外地上不擺花盆，空間變大，孫兒們有玩耍天地。

忠兒把頂樓十餘坪的空間隔成兩間，後間佔三分之一，前面空間大就做畫室，旁邊還有間小客室，屋主留下很多書籍，我挑一些喜愛的散文書，其餘的只得回收啦！

我在樓梯間頂的兩邊橫桿上，放兩支竹竿，洗滌的衣裳，就用衣架掛在上面晾，上面有透明遮雨棚，不必担心下雨淋濕。

元月下旬屋裡屋外粉刷竣工。

二月初就要過農曆年啦，忠兒原想過完年開學後搬入，我認為最好年底遷入，開學後他倆忙上班進修，哪有空搬，而且新年喬遷新居，喜上加喜。

忠兒說三個臥房的地板還沒鋪，鋪地板之前水泥地要清乾淨，若請清潔公司來清，又得花一萬多元。

我說，老媽來清。我把飯菜做好，囑老伴中午自己熱來吃，我就放心去打掃。

我戴上口罩，把每個房間分六格，用油漆刷，一格一格，掃了又掃，確認水泥地上沒有泥粉了，才放心。

傍晚忠兒看媽媽，掃得很徹底，即通知「詩肯柚木」公司，把材料送過來。手藝嫻熟的師傅，兩人花一天功夫，全部鋪訖，兩廳和走道的橡木地板，也重新上保護亮光漆，整個屋宇亮燦燦，煥然一新。

恕兒幫哥哥把新竹六尺寬的新床，和三重的西式飯桌，搬過來擺妥。

我們選九十四年，元月三十一日上午吉辰遷入，我囑女主人——美筠兒媳懷抱一只花瓶，進屋把它安放書櫃上，口誦吉祥話：「平安！」全家老小歡歡喜喜，步入新居。

我備妥甜湯圓，擺在廚房的爐台上，象徵「甜蜜圓滿」忠兒環顧新居，欣慰說：終於有自己的家啦。晚上我和維經在新屋住下。

隔日早上六點，搬家公司就把忠兒三重的家俱，沙發、活動書櫃等全搬過來。到中午所有家俱安頓就位，入住這三十幾坪大小適意的房子，又有空中花園，兩孫高興得不得了。

忠兒購屋前，聰慧的兒媳曾徵詢我，她說：「媽媽我們若買房子，爸媽願意和我們同住嗎？」

我們住忠孝東路是三樓房，樓梯間寬十尺，階梯緩緩而昇，爬樓不感費力。而這裡卻是四樓，階梯間稍窄，且有些陡直，我只担心八十五高齡的老伴，上下樓辛苦；再說住一起就是照顧孫輩，是幫兒子忙，我這做父母的不幫兒子，誰來幫啊！因此我和老伴就過來同住。

二月初是農曆除夕，恕兒夫妻過來哥哥家，和爸媽兄嫂全家一起吃年夜飯。入新居過新年，喜氣洋洋，闔家歡樂融融。

開學後，兒媳早上七點搭公車到大同區上班，忠兒到忠孝東路上班，近多了。假日兒媳到公館搭華梵校車去上課，麗水街和師大近在咫尺，忠兒上課方便極了，無形中節省許多寶貴時間。

我和維經每天早上六點到中正紀念堂散步，回程順便在地攤買菜，水煎包燒餅油條當早餐。

到家兩孫仍在甜蜜夢鄉中，孫女過去她母親七點上班前，就把她從酣睡中挖起送到保母家，睡眠不足，影響發育成長，已滿兩歲抱在懷中輕飄飄地，搬來兩個月，她每天吃飽睡足，小臉蛋圓潤潤地，體重也增加了。

一天忠兒神情靦腆跟我說：「媽媽這剛搬了家，我和美筠又繳學費，而且裝潢又超支六十多萬元，我的存摺沒錢了，從現在起，我沒辦法給您和爸爸零花錢啦！」

我安慰他，說爸媽在這兒吃住一起，不必另外花費。何況你弟弟，他每個月都會給爸爸，你不必在意啦。

兒、媳上班去，我做家事時，維經就陪兩小玩。家事忙完，即和老伴帶兩孫到永康公園，溜滑梯玩耍。一位年約五旬的婦人，身揹一個四五月大的嬰孩，小推車上坐著一個週歲大的女娃，一個約兩歲大的女孩，手扶著娃娃車，站在一旁吮手指頭。

這婦人看我追著兩孫跑，便問妳是幫人帶孩子嗎？

我回說不是，是自己的孫哪！順便問她，那妳是帶自己的孫嗎？後又想大概不是，三個小娃年齡太接近，不過又想，可能是兒子和女兒的孩子吧！

她笑嘻嘻說，全是幫人帶的，背上這個是日夜託，假日才接回去，一個月兩萬五，這兩個是白天託，一個月兩萬元。

我一聽對她豎起大拇指，誇讚說：「妳真能幹，我以前帶兩個孩子，都忙不過來。妳帶三個，喔，這麼說來，妳可是高收入呢！一個月淨賺六萬多元，又不必打稅，好棒哟！」

我說才搬來沒多久，我孫以前在三重託保母看，一個月一萬五仟元，台北的保母費好貴哟！

她笑說，妳帶兩孫，每個月就幫兒子省下四萬元啦！我聽了一愣，敢情是喔！

熟悉周遭環境後，我們祖孫四人，背著水瓶和濕毛巾，遠征到大安公園。兩孫在寬廣的草地上奔跑，暢快地爬小木屋或去玩泥沙，邋鞦韆，每每玩到臭汗淋漓，才盡興而歸。

回家若晚了，就在永康街溫州大餛飩買餐，女老闆見我兩老帶兩個活力充沛的孫兒，心疼說：「奶奶，今天星期六沒休息，還要帶孫噢？」

我笑說：「沒辦法呀！兒子和媳婦，利用假日去讀研究所，就是『禮拜七』也要幫忙帶啊！」

日子過得真快，轉眼間就放暑假了。我和老伴趁非假日，暫時去鄉下小住幾天，放鬆身心再返台北，因為研究所沒有暑假。

就在忠兒手頭拮据的窘境之際，一家頗有名氣的圖書公司找上門，向忠兒邀稿，請忠兒為公司編一本高中美術教科書，之前忠兒曾編過一本的經驗，雖然忙於研究所繁重的課業，看在豐厚的稿費，再估量自己的能力，即大膽簽約。

於是他課餘，積極蒐集資料，動手編寫大綱，夫妻倆合力編著。

開學後，美筠想減輕公婆的勞累，於是把承緒孫帶去她服務的學校上幼兒班。孫兒有輕微的氣喘毛病，每天早起跟媽媽上學，睡眠不足，體力吃不消，不到兩個月，就讀到台大醫院去。他住院治療幾天，搞得全家人仰馬翻。晚上父親照顧，早上我熬瘦肉粥帶去換班，其他時段叔叔、嬸嬸、阿姨和媽媽，各請半天假，輪番上陣，爺爺在家顧妹妹。

出院後，他父母不敢造次，讓他乖乖待在家裡。

初冬一天他兄妹倆忽發燒，上吐下瀉。帶去看診，才知感染「輪狀性病毒」經打針服藥，兩天未見好轉，令我憂心忡忡。

這天下午承緒又發高燒，而且一直瀉水，整個人癱軟無力。而妹妹雖沒瀉肚子。可一喝水就吐，也癱在沙發上。

我看這狀況，不能等他父母回來，立即把他兩穿戴好，和爺爺速速帶去台大醫院急診。

在急診室老伴牽著孫兒，醫生拿聽診器，示意說老先生請坐下，我忙說不是他，是我孫兒，醫生抬首望我一眼，說那孩子的父母呢？有責備的意思，他心疼兩個老人帶兩個小孩來急診，臉有慍色。

我忙解釋，說他爸媽尚未下班，我已電話通知，要他們下班直接到急診室來。

我原以為孫兒比較嚴重，醫生囑護士幫他打針，對我說開藥吃即可。我把妹妹抱在膝上給醫生聽診，告知她喝水就吐。

醫生生氣說，妳看她的小臉乾巴巴的，她嚴重脫水啦！要留下打點滴。

護士剛把滴管弄妥，忠兒夫妻及時趕到。他倆留下照顧妹妹，我和老伴拿了藥包，帶孫兒先回家。到家我剛讓孫兒服下藥，忠兒帶晚餐回來。

晚上我熬了薄粥撒鹽巴讓孫兒多少喝一點，他打針服藥後，舒服多了，不再瀉肚子了，到就寢前臉色好看多啦！

十一點多忠兒去醫院，接她母女回家。孫女的臉色潤潤地，不再乾巴巴了，我們放心不少，兩小一夜好眠。早上九點才起床，吃過稀飯服藥後，兩小又快樂地堆積木玩，我和老伴放心了。

晚餐後，維經有些發燒，忽然想吐。我腹內翻滾絞痛，按捺不住，跑到廁所唏哩嘩啦，大吐特吐，甚至把膽汁也吐出來了。

我驚覺不妙，和忠兒說爸媽也染上「輪狀性病毒」啦！忠兒不敢耽誤，立即陪爸媽到醫院看診，所幸及時就醫，兩老經打針服藥後，兩天就痊癒了。

轉眼之間，九十五年元旦已過，學校又要放寒假了。

農曆尾牙之前，克梓兒夫妻辦妥探親手續，連袂從山東老家搭機來台，探望父親，距孫女莉莉出閣，我們已兩年沒再相聚了。他倆來台，令全家人非常興奮。

梓兒午後剛到，晚上二姨在餐館設宴款待，第一次見面的外甥夫妻。四姨姨丈和表弟表妹們做陪，二姨的盛情，令克梓倆是既感動又感謝。

忠兒夫妻忙上課，無暇陪伴兄嫂出遊。就由弟弟——恕兒陪兄嫂到「陽明山國家公園」走走看看。下山後再到「一〇一」大樓觀景台，俯瞰台北市區全景。翌日到「國父紀念館」參觀，再到「中正紀念堂」及「國家歷史博物館」參觀，順便到植物園走走。

因年關將屆，梓兒倆在台僅停留兩週，即將返山東過農曆年。因此，後一週假期就到媽媽新竹娘家，拜見舅舅舅媽和眾多表弟妹見面，舅舅在竹林園餐廳備三桌席，歡聚一堂。

舅舅們合包一個紅包，做為見面禮，令梓兒倆驚喜又感動，紅著眼眶，迭聲謝謝舅舅。

舅舅為接待這位遠道而來的外甥，找一天開六部車，全家大小陪梓兒倆暢遊「石門水庫」風光，再到大溪蔣公長眠的陵寢「慈湖」觀賞衛兵儀隊踢正步。

午餐後再到桃園復興鄉，「蔣中正行館」參觀及附近景點，消磨一整天。傍晚到關西鎮吃晚餐後，才盡興返回芎林。

忠恕兩兒擇日，陪兄嫂南下遊罷名聞於世湖光山色的「日月潭」，再上山夜宿「阿里山賓館」，凌晨摸黑到山頂，觀賞難得一見的「日出璀璨」奇景。

返芎林後哪也不去，梓兒待在家裡和父親敘懷，令年邁的父親感到非常安慰幸福。

兩週假期眨眼間就過去，梓兒夫妻對父親依依不捨，期盼不久能再來台和父母，兄弟相聚。他和香浦媳懷著珍貴的回憶，溫暖的親情與祝福，與父親道別。由兩弟開車送到中正機場，搭機返山東。

農曆年後，寒假也結束了。美筠研究所的課程大致完成。這學期最後的重頭戲——是撰寫學位畢業論文。

忠兒學位論文和畢業創作，也將在下學期修完。

五月底美筠的碩士論文，順利通過審查，終於獲得「華梵碩士學位」六月初她即持證書到學校敘薪，一下連跳五級，薪水一個月多一萬多元，這就是她兩年來認真勤學換取的報酬，對家庭經濟改善很多。

從此以後，假日美筠就可多陪兩個孩子了。

忠兒暑假課餘，積極為新書撰稿，文稿電腦打字，圖片掃描編整，已然來到校稿階段。他夫妻為了不受孩子干擾分心，他請爸媽帶兩小到鄉下住一陣子，遠離身邊，他夫妻好專心致志做最後的總校對工作。

於是，忠兒就把爸媽和孩子送到鄉下。

兩孫像衝出籠子的鳥兒，在鄉下四周皆是綠樹翠竹，空氣清新涼爽舒適；屋前有寬敞的庭院奔跑玩耍，下坡到小路，沿著彎曲的山圳，看螃蟹挖洞，小魚兒水中悠游；或追逐路邊花籬上的蜻蜓，捕捉翩翩飛舞的彩蝶，看那醜陋的蜘蛛織網，那好奇興奮快樂的心情，全寫在紅潤微汗的童顏上。

中午吃飽飯後，午覺睡足，醒來又可到宗祠後面的池塘打水漂；或逗逗鄰家滿身彩衣的雞群玩。晚飯後在濕涼的小路散步，猛抬頭可窺見大楓樹枝上，瞪著大眼睛發呆的貓頭鷹，走著走著，還得跳腳，躲閃尋伴的青蛙，啊！這麼多鄉間奇幻的奇景，這些那些驚喜的邂逅，他兄妹倆在台北從來沒瞧過，也沒體驗過。

鄉間有趣的生活，既豐富又新奇，兩小跟爺爺奶奶快樂得根本不想念爸媽啦。

真是好花不常開，好景不常在，就在八月六日傍晚我不慎跌斷了右鎖骨（註）到竹北東元醫院急診，老伴在家照顧兩孫，翌日動手術接合。忠兒得知夫妻聯袂趕來，忠兒留下在醫院照顧我，恕兒夫妻把父親和嫂子母子接回台北。

註　見《否極福來》書中之〈劫〉篇章。

出院後，恕兒把父親送來新竹。忠兒返北繼續忙他的書稿。術後右手用吊帶吊一個月，小心保護避免碰撞。我不能煮飯燒菜，早晚餐三弟夫妻為我們準備，中餐由胤侄上街買。天熱每天洗澡，就勞老伴服侍，換下的衣服弟妹拿去洗，三弟下班摺好送過來。三弟就住隔壁，感謝他夫妻有心，幫了姐姐大忙。

老伴已八十六歲了，本該我服侍他的，如今反而勞他費心照顧我，真是過意不去，內心很感動。

一週後我可以左手執鏟炒菜，就不再麻煩三弟夫妻啦。畢竟他倆每天上班，工作煩瑣也很勞累。

一個月回診拆線，就不必用吊帶了。醫囑三個月再回診，我住台北，醫生即介紹我到他同學在台北服務的醫院回診，醫生叮囑六個月內不能提重物，但每天要做三次抬高手臂復健，一年後回院拆去鋼片，就 **OK** 了。

九月即將開學，六日忠兒來接兩老回台北。

開學後忠兒夫妻一早上班去，承緒孫到附近的市立新生國小，上幼兒大班。他吃過早餐，八點就送他去上學。在路上為防他人碰撞，我以左手護住撐傘的右手，盡量和行人保持距離，以策安全。

回家來，孫女吃早餐時，即把洗衣機裡的衣裳取出，我右手不能提衣籃，左手也提不動，即分三次抱上樓晾曬。下午午休後把右手伸高做復健二十分鐘，手臂肌肉緊繃，做起來既吃力又痛苦。

然後上樓收衣服，摺好近四點，正好去學校接孫兒回家。他有時會要求奶奶，讓他在教室前方草地玩一會兒，我就如他願。

當爺爺教兩小下象棋時，我摘好菜就做晚餐。通常忠兒夫妻下班回來，晚餐已做好，全家老少圍桌吃晚飯，是最溫馨快樂的時光。晚餐後我得再做一次辛苦的——伸高手臂爬牆復建。

忠兒研究所規定，第五個學期要畫作，做畢業展，自定題目。忠兒假日不必再到學校上課，專心留在樓上畫畫。

他和另外兩位同學一組，在當時的台北縣立文化中心開聯展，之後到基隆文化中心又展一次，他自己也在新店圖書館展過一次。

九十六年二月，忠兒提早半年，也順利獲得「臺師大美術研究所碩士學位」這是忠兒堅忍勤奮換得的甜蜜果實，父母和弟弟向他致賀。

做家事之餘，我勤做復健，每天高舉右手臂，雖然肌肉緊繃，為期早日康復，我咬牙忍痛去做。再經中醫針灸，疏通經絡，八個月後，右手抬高伸展自如。

這年八月五日，恕兒陪我回竹北東元醫院住院一天。取出右鎖骨裡的鋼片，我如釋重負身心愉快。

九月初承緒孫進入「金華國小」讀一年級。我每天早上送他上學，中午十二點多接回。蔚綸孫女則跟她母親到學校上幼兒班。兩孫快樂上學去，我和老伴輕鬆悠閒多啦！

經朋友鼓勵，我重拾舊筆，寫了幾篇民國四十六年，家中遭遇不幸的經歷，加上一些未投寄的舊稿，結集成冊，於年底出了一本《否極福來》散文書，距第一本處女作《白雲悠悠思父親》已是八年之後了。

忠兒夫妻為教科書公司合編的「職業學校——美術」已順利出版。九十八年經教育部審查合格，於九十九學年度，各學校可以正式採用。

這幾年，自兒媳倆讀研究所，又經老伴動手術，接著忠兒買房喬遷，忠兒接編職業美術教科書，我跌斷右鎖骨等等，諸事接踵而來，我們全家能夠順遂走過來，感恩菩薩保佑，除了感恩，還是感恩。

民一一〇年七月

給梓兒的家書

之一

克梓兒收知：

返台後，我和爸參加學校辦的退休人員，赴桃園「東眼山」一日遊。本想把安利的事弄清楚再寫信，未料爸爸於十一月四日晚，在浴室跌坐地上，當時人沒怎樣。次日你三弟要陪他去看醫生，爸不願去。七日晚上八點多爸爸坐在沙發上看電視時，臉部突扭曲，不省人事，稍頃，媽喚醒後與你三弟妹急送他上醫院急診，經醫生兩個多小時觀察，說一切正常，並無異狀，即返家。

八日上午去醫院看心臟科醫生，爸說有「心律不整」舊疾及冠狀動脈狹心症。醫生囑下午三點到院「裝戴二十四小時心律記錄器」又去看腦神經科。

晚上八點多爸爸在浴室刷牙時，身子突往後仰倒，順牆壁滑下，幸有大浴巾的阻力，滑下後近地面頭著地擦出血。媽聞聲扶爸爸靠牆坐，稍頃扶他平躺地板，解開衣扣，鬆開皮帶，立刻打電話給你二弟，叫他叫救護車來。你三弟夫妻尚未下班，媽速把爸爸穿戴好，拿錢包及健保卡，救護車及時趕到，救護人員倆扶爸下樓，送到仁愛路的「國泰醫院」急診。

媽告訴醫生說爸爸有心律不整及心臟冠狀動脈疾病，身上揹著「心律記錄器」他們立刻接「心電圖」觀察。爸後腦僅輕微擦傷，已止血貼上紗布，不必縫合。此時二弟從三重市驅車趕到，約十一點爸爸心律又缺氧失調，心臟一度停止，醫生立即輸氧，之後恢復正常，一夜沒再犯。

九日下午兩點卸下記錄器，三點多辦妥住院手續。醫生說九點前記錄器內容應可判讀出來。晚上八點多兩位醫生來告知，說判讀結果，爸昨晚心臟停止長達十二秒，蠻嚴重！所以必須動手術裝置「心律調節器」否則隨時會發生危險，十日早上爸爸做「核子科學造像」及照其他各種X光片。

爸爸為要動手術，有些膽怯，心緒不寧，推說他很累，以後再做吧！媽說院方已安排就緒，不可改期，媽和兩弟鼓勵他，為他打氣。醫生安慰說這是非常小的手術，安全無虞，請他放心。

十二點進入手術室，媽和兩弟在門外守候。一點多手術順利完成，恢復後又照兩種腦波，即回房休息。這種手術在心臟科來說是最簡單的，局部麻醉在左肩下方，橫開約八公分長，把扁小如名片大的金鑭「調節器」置入皮膚下，有一電線下伸勾住心臟某處，當心臟自身無力運轉時，它就發生作用幫助心跳。

術後三個月內左手不能高舉過肩，之後肌肉包住調節器，成為身體一部份。此調節器若無漏電（日後定期回診檢測）可用八九年（三舅媽之母，今年才重換第二個）唯須遠離電塔、微波爐、電磁爐、手機等高磁波物，以防干擾。

因手術後有打抗生素，爸後腦傷口不痛，癒合很好。經此劫難爸爸的身體需一段時間調養，放心的是我們不必擔憂爸爸缺氧而暈倒。慶幸爸爸的病不是我們在蘇杭旅遊時發生，而他每次暈倒時都在家裡，且我們都在身邊，不然後果堪慮。總之，媽相信冥冥中爸爸是承蒙慈悲的觀世音菩薩保佑。十六日早上爸又做幾種檢查，調節器公司做完測試，即辦出院手續回家休養。

二十三日出院後第一次回診，又做心電圖，並照X光片，看「調節器」有無移位。狹心病一般都做「心臟繞道」手術，即從患者大腿抽血管去接。醫生說爸若沒胸悶，按時服藥即可，可能考量爸的年紀太大吧！

你姪承緒從十一月八日，就由保母帶，上週日你二弟夫妻把兩個孩子帶來給爸爸看。這幾天爸爸的氣色精神好很多，休息和營養很重要。昨天可以自己起床了，上下午拄著手杖繞室散步，醫生說每天一定要走動才能恢復體力。媽趁爸爸看報時出門購物，速去速回，囑咐他我不在家不可走動，以策安全。

爸住院時，舅舅、舅媽從鄉下來探望，二姨、四姨及其子女都來過，很感動。上週日二舅夫妻及大姨夫妻亦到家探視；今天下午小舅媽及表弟一道來。表妹送燕窩，弟弟買雞精給爸爸補身，都盼他早日康復。

在大陸時眾親戚送許多禮物給帶回，見面請轉達謝意；還有仇家姐妹等。張店表哥家，媽不另寫信，你電話告訴他即可。淄川表姐他身體不好，不要告訴她，免得她擔心，你夫妻倆也不要掛心。這封信寫寫停停，不知要怎麼寫。爸爸住院隔床一位才五十二歲男士，三個月中住院四十多天，他看爸爸年紀這麼大才第一次住院，說真幸福。另一位七十五歲老人，連做幾次心導管手術，比你爸爸年輕九歲，外表比你爸爸還蒼老，為了活命，不放棄機會，真是勇敢。總之，接信後不要擔心，台灣醫療技術很高，媽和弟弟、弟妹會好好照顧爸爸。

謹祝

闔家平安：

媽字于二〇〇四年十一月二十八日子時

註　寫於長孫女莉莉十月中旬于歸，我們回鄉祝賀，梓兒夫妻陪兩老遊蘇杭返台後。

又：

十一月二十九日，下午陪爸爸去中醫診所針灸。因他八日晚在急診室心臟休克後仰時，頭頸碰到診床欄杆，似有扭傷，針灸後感覺舒服，應無大礙。媽寫的信爸爸看一遍「說可」明天寄出。

晚間電視新聞報導，日本北海道七點一級大地震。我們返台那個週日有個叫「陶卡基」的強烈颱風把日本從頭掃到尾，災情慘重；不數日，日本新潟六點八級大地震，日本今年共有十個颱風登陸。十月二十五日，北台灣颱風來襲，所幸來得急去得快，兩小時就離去，直撲日本，有些地方大淹水，電視台一位年輕記者現場報導災情而喪命，可惜！

十月十五那天我們回台，中午台北有大地震，三弟問爸媽當時在何處？爸爸說正在香港候機。三弟說：「爸媽很有福氣，上次三三一大地震時，一〇一大樓受震猛烈搖擺，正在工作的兩名工人跌落而亡，爸媽正在西安，也沒嚇著。

爸媽從大陸回台，因太累次個週六才去新竹「竹蓮寺」拜菩薩還願，當日住芎林，次日看報始知台北當晚有四級地震，距一〇一只有兩公里，離咱家很近。八日爸爸待在「國泰醫院」急診室觀察，那晚十一點多也有個不小的地震。台灣不是地震就是颱風，這是我們的宿命，誰也避不了。爸爸術後已很久沒看電視，眼不見為淨，腦子亦可休息。

十一月二十九月

之二

克梓兒收知：

元月二日你夫妻銜悲倉皇來台奔喪。九日迎回你爸的骨灰回鄉安葬，蒙觀世音菩薩保佑，一切順利圓滿，得此福報，實乃上蒼賜予你兄弟之恩典，感恩不盡。

正月初五剛作完四七，兩弟全家在此陪媽媽。弟買燒餅油條、煎盒子、蒸包或蛋糕等，爸平日愛吃的麵食，給爸爸端飯。媽有時炒麵或煮水餃、饅頭換著供，如他仍在世一樣，就是盡一份心意。媽每天在他靈前唸〈阿彌陀經〉盼他了無牽罣，好好地去和你奶奶、你娘團聚。

回顧你爸坎坷跌宕的一生，前有你娘堅貞不移，為他守護家園，孝敬你奶奶，撫育你成人，承續宗祧。奶奶沒因你爸不在身邊缺少家庭溫暖，雖有遺憾，但可安慰含笑九泉。

那位浪跡天涯的未歸人，只因上蒼的安排，少小離家，辭母別妻，飄萍半生，辛酸備嘗；從山東橫跨半個中國大陸，堅忍求學，復沿海溯東讀完大學，家在咫尺，卻無門可入，有家不得歸。豈料復遭上蒼巨掌一揮，又把他推向陌生島嶼。他思鄉情切，憶母盈淚，念妻不忍，渾渾噩噩，又過了二十年。

原來命運之神，要他在這小島和另一個三生註定未了緣人，完成使命；她為他勞苦半生，為他生下兩個兒子。他的任務完成之後，前緣已了，無所眷戀，無所罣礙，以另一種方式，回到少小離家之原點，與母親、髮妻相左右，填補一生不變的真情。去年最後一天以來，媽猶似在夢中，思前想後，他飄洋過海，尋尋覓覓，只為來了莊嚴神聖註定的「緣」，他苦，你娘也苦，媽亦苦，思之好不悽然！

請代媽向你叔、表兄弟、及眾族親致意，感謝他們致送厚儀和關懷。你給舅寫的信，影印每人一份。

謹此　　祝

全家平安

媽字二〇一二年正月十一日

之三

克梓賢兒媳收知：

香浦，二月十七日是你爸的圓七，備六菜一飯，水果及象徵圓滿的甜湯圓。請三位法師唸佛經後，撤下香爐，換上香火籃，香火袋置籃內，用紅絲線繫妥掛在牆上。等對年後再請入歷代祖先牌位，才可掛遺照緬懷。之後早晚一柱馨香，一杯清水，不必三餐端飯燒金紙。

你爸走後（三十一日）當晚，三弟守靈時，客廳電燈忽全滅，瞬時復亮。弟想是父親魂魄歸來，即跪靈前唸經，此時門燈忽暗，隨即又亮。元月一日凌晨，媽臥房五個燈泡一個忽亮，我說：維經你回來了，不可再回來，要隨佛祖去西方淨土極樂世界啊！媽即唸〈大悲咒〉求佛祖、菩薩庇佑。

正月初五做四七時，三弟看到靈前香爐的香，左右搖擺。孝子跟法師誦經時，怡君媳看到爸香爐中的大香，左右搖擺……想是你爸以這種方式告知子孫，他回家歡喜領受功德，金銀財寶吧！

法師問你們有夢到老爺爺嗎？都說沒。法師說很好，這表示老爺爺已跟佛祖去了。他說竹北一位八十幾歲的老人走後，家人都夢到他，並且看到他在屋裡走來走去，這就是說他的魂魄沒有離開，對亡者很不利。

守喪期間，二、三弟在開學之前都在此相伴。五七是大七，三位法師來誦經，你弟、弟妹姪們都捧經書一起唸。二舅、三舅媽倆同唸。每一個七，六位舅舅全到，直到燒蓮花燈、庫錢元寶、金紙化了才離去。四姨丈倆從五七即沒再來，因你表妹預產期近。表妹剖腹產一女，母女皆安。

兩個弟弟在此每天都唸經迴向給爸，我每天唸〈心經〉和〈大悲咒〉、〈阿彌陀經〉三舅媽說在圓七前多唸此經最好，因〈阿彌陀經〉一直介紹佛國淨土的無憂快樂，可加強爸前往的力量和信心。

你岳叔公大選後去美國，叔婆沒去，十二日由其弟（前鄉長）相陪來看媽。圓七次日，一小學老師（她沒教過我）之女，陪同來家看媽媽，因她在女兒家看到媽媽的的書很喜歡，夫妻倆陪母親及弟夫妻特來紙寮窩看媽，很驚訝。

二弟已請地理師到家（麗水街）指定，在客廳適合方位裝潢，供奉祖先、牌位神龕、香爐等皆須按照丁蘭尺做。待一切妥當再擇日把爸爸的靈位請回台北。之後媽再去多看幾家骨科，評估如何治療，若做手術，至少要休養三個月。如此說來，還真託菩薩之佑，去年七月沒去做手術，如做了不知要如何服侍你爸，而不能休息，做了等於白做。

今天（二月二十日）國寶把燒金桶和供桌運走。下午四點多你三弟公司去北海福座拍攝節目。記得國寶說過已在彼為爸爸安靈，每天誦經到一百零三日。弟弟即去尋找爸爸的靈位，確實在彼，弟很歡喜，拜後立即打電話告知。你三弟妹說，之前弟弟為公司製作春節的節目檔，忙到十二月三十日，他們提前一天完成，回到台北已近子夜，電話上曾說明日一早趕來看爸爸，豈料次日一早即接到爸爸往生噩耗，他非常懊悔接了這檔節目，沒見爸最後一面，痛哭不已！

二弟三十日晚七點多學生離去後，本想晚飯後來紙寮看爸爸，但次日早上中正紀念堂有課，這樣來回很趕，猶豫一下沒來，因此錯過見爸爸最後一面，而悔恨交織。我一個照料他四十五年的妻子，在房熟睡也沒守到他走⋯⋯唉，這一切的一切，都是冥冥之中的定數，實非常人所能理解！

這幾天媽讀了岳叔公送的剪報（去年十一月送來，無暇讀）佛光山的慧開法師（院長）談到「生死自在」說「預知時至」沉思很久。你爸的日記寫到去年八月十四日，有時寫一行或兩行不等，沒特別的事則不記。

到芎林我即續寫爸爸在此的生活概況，最近重讀兩遍，發現在他離去前兩個月，心情趨穩，安靜話少，但總是抿唇微笑，一臉幸福洋溢於表。慧開法師闡釋說：「人無病無疾，臨命終時，意不顛倒，不眷戀世俗，心無罣礙，完全放下，而得善終；善終也不僅俱是以上條件可期，而其人一生必得善良，有修持方能臻此境界。說得善終的人，去的地方應不至太差，應是佛國淨土，既使輪迴也是到好的家庭。」

今早（二十一日）三弟來電話相告，說凌晨夢到爸爸在一個很多人的聚會處，爸爸像七十幾歲時樣貌；穿著整齊，神態優雅，從會場走出。弟趨前問：「爸您在這兒呀！」他笑而不語。弟看他身上斜披一寬帶，上面有字，但看不清是什麼字，弟問這上面寫什麼呀？他仍笑而不語。弟抬頭看到哥哥也從會場中座位起身往外走。三弟伸手去扶爸爸時，夢醒。媽在想：你爸在彼可能受到什麼褒揚吧！還是佛祖派他擔任某件任務？

媽字二〇一二年二月二十一日下午

之四

克梓賢兒收知：

你二弟請師傅在客廳書架中間，以丁蘭尺寸作好安置祖先牌位之神龕。

三月十一日（農曆二月十九日）吉時，你兩弟前一天返芎林，翌日巳時接你爸爸香火籃返台北。你兩個弟妹和兩姪在樓下大門跪迎，於十二點多吉辰香火籃坐穩，接受子孫馨香祝拜。

三月十八日早上，我們早早出發去淡水國寶福座，山路迂迴繞轉難行，路旁幾株早開的紅櫻花，捎來春的氣息。福座位在山巒連綿間，建築宏偉，莊嚴肅穆；靠山坐北朝南，面向浩瀚太平洋，視野極佳。左右兩面青山環抱，清幽安謐，的確是往生者安住之佳城。你爸有幸，靈位在此安厝百日，福座每天晨昏按時誦經，讓亡魂領受功德，心生歡喜。

據你三弟所述，我們很快找到爸爸靈位。真是黃泉路上不分老少，上列最年長者百歲有餘，最幼者才五歲，令人惋惜生命之早夭。媽與二弟一家五人，手捧經書，坐在爸爸靈位前虔敬唸誦《阿彌陀經》，祝願爸爸早登極樂國土，了福座謁靈心願。

媽的左膝去年七月照片子，尚有一條細縫，這回上醫院照，上下骨頭已碰在一起無縫了，軟骨消磨怠盡，是很嚴重的四級，媽左膝又紅又腫，很嚇人，步行維艱。醫生同情問：很痛吧！我回說不痛。他對我露出訝異的眼神，不敢相信。其實自你爸無力行走後，我照顧他起居時，已疼痛難忍。於是媽每天勤唸心經，祈求觀世音菩薩保佑，減輕膝疼，說要服侍善良的丈夫；心誠則靈，媽虔誠勤唸心經兩週後，膝頭雖紅腫，卻完全不痛了。

一般換膝關節手術須十八萬元，醫生說媽已滿七十歲，又是嚴重的四級，除自付住院及分擔部份醫藥費外，可享健保完全給付。你二弟學生的父親是台大骨科醫師，請教他換膝關節還必須加強那些補充。經他建議，我們另花四萬二，加裝耐磨墊片，可用三十年。

三月二十三日下午，媽住進台北郵政醫院，由院長親自操刀，動了困擾很久的「膝關節」手術。醫院離二姨家很近，她連三天帶豬肝湯給媽進補，很感動。術後二十四小時不能起床，兩弟輪流照料。次日被護士叫起來學步。患肢腫脹大如木頭，傷口緊繃，舉步維艱，仍得手扶助行器行走，家人在旁扶持，以防跌倒。媽做手術，全家人仰馬翻，你姪幫奶奶穿襪子、倒水，你兩弟和弟妹家裡醫院兩頭跑，可忙壞了。

出院返家後，每天須按摩左膝大小腿四次，每次按半小時，再把患腿放在「復健機」上（租回家，每天六百元）拉筋，結束後冰敷半小時。

四月九日後（喪假結束）二弟要上課，假日三弟夫妻來幫做復健，早晚二弟做，白天兩次由三弟妹做，共十八天。術後自己每天要做腳板上下彎屈拉筋，並平抬患肢一百五十次至二百次，每天周而復始，另外坐下把患肢腳跟往身內屈及，以患肢站直，好腳抬高，這些動作甚耗體力及水份，自然消瘦三公斤。

返家後體力不濟，元氣未復，連坐下聽電話都無力舉話筒，且傷口不時巨烈抽痛，像觸電一樣，痛徹心扉。媽的情緒抑制甚久，無處喧洩，趁家人不在，媽著實大哭一場，心想你爸在世時幸虧沒做手術，如做了長達三個月的復健期，誰來照顧爸爸，更幸喜他沒目睹媽受罪折騰。

清明節（提前）備菜餚瓜果祭拜後，七日（農曆三月十七日）提前一天給爸爸過冥誕。四月八日給你爸做百日，請法師來家誦經（大舅次女日文正來家）因你爸的喪假須在百日之前請完，媽選在百日之前做手術，二弟才有充裕時間為媽做復健。

朋友久無媽消息，出院次日竟有六通電話。誼妹翠麗姨，憂你弟妹無暇買菜，次日帶來一大袋菜蔬、饅頭等食物。遠在高雄的胡媽媽，打電話到苪林找不到媽媽，即打來台北，她一聽到我的聲音，便說：玖香，妳好喘！是怎麼了？她知我動了手術，隔日寄兩瓶紫雲膏給我按摩用，體貼周到，很感謝。

因無精神講電話，不願舅舅們來看我，四月十五日三舅藉給媽送夏衫，與大舅、五舅、三舅媽同來，並通知兩位阿姨（她倆已來過）及二表妹日文過來聚聚。四月二十日赴美歸來的岳叔公特來看望。

術後一個月膝腫脹消退，今已五十天，要完全消腫須九十天，這三個月是黃金復健期。四月十六日退還復健機後，二弟每天早晚幫媽復健——即躺在床上先擦藥按摩患肢，坐起再把腿弓起往身體方向推，放下再推，共推六次，非常痛，第四天稍好些。二弟說媽的膝拖太久，因此筋絡比較僵硬，故復健沒人快。能否恢復往昔，只有聽天由命啦！五舅從大陸旅遊回台，次日即來電話講述你們在張店大飯店相見情形，並唸你的信給媽聽。

祝

全家安好

媽字二〇一二年五月十一日

又：

五月十二日晚，三弟夫妻過來聚餐。媽過第一個沒有爸爸陪伴的母親節。二弟妹燒了三樣菜，三弟去六品餐館叫兩樣菜，又帶冰淇淋蛋糕賀節，媽卻索然無味。昨天十三日是母親節，二弟一家應邀到苗栗海邊（承緒同學家長在苗栗開醫院）摸魚。兩點返芎林休息，並帶回媽一些日用衣物。三弟妹特來陪媽過節，三弟中午來陪媽，下午做復健。晚飯後七點多睏極，叫三弟倆回去，即上床休息。

晚十點（二弟一家去三重岳家吃晚飯）二弟一家回來，從五舅家帶回你寫的信，看了很歡喜，五舅去山東旅遊能在張店見到你和香浦，以及壯壯夫妻。只是你又花錢買酒、木耳、杏仁給舅帶回台灣。杏仁六位舅平分，木耳則給三、五舅各三分之一，餘二弟帶回台北。

你爸在世沒留下什麼錢，媽做主把他的喪葬結餘三萬多元，以他的名諱，捐給兩家非常困難的家庭各一萬元，另一萬多元捐給「創世紀基金會」算是你爸留給子孫的餘澤吧！你爸的手尾錢，待媽返家掃墓祭祖，再換成相等的幣值保存。

媽字二〇一二年五月十四日

之五

克梓賢兒收知：來信收到，勿掛。

台灣一般習俗皆傳自大陸，生死乃人生大事，都很講究。如作「七」七七四十九天作「圓七」，唯今工商社會，子孫都在外地工作，不克遵循古制，已簡化到出殯後一併作完，免去子女來回奔波之苦。

媽認為為亡生者作七，有賄賂小鬼之意，祈盼往生者勿受刁難，一路順利好過關。往生者新魂薄弱，遊走陌生的黃泉路，無親無伴很孤獨，總被欺生，我們為他作七燒紙錢元寶，無非是為往生者作後盾，給予關懷與支持。

又說陽間有閏月，亡者無閏月，故汝父做對年時要提早一個月，於農曆十一月初七。屆時請朱法師來家誦經超渡，並與祖先神位合爐，即將他的靈位請入祖先牌位共處，接受陽世子孫奉祀。

你二弟在客廳書櫥中間，請木工師傅以丁蘭尺精製祖先神龕。祖先上溯你曾祖父、祖父母、汝父共三代。神龕內左邊是「觀世音菩薩」神位，護佑王氏祖先，後有金黃色精製佛簾「佛道禪心」及心經，前有蓮花香爐。祖先牌位上方是「祖德流方」，後有百壽字，福祿香爐，晨昏燒香敬茶，神龕兩旁有兩盞LAG蓮花長明燈，氣勢莊嚴肅穆。

你爸親筆撰寫的自述，由你三弟夫妻電腦打字完成，再仔細校對，務必做到零缺點；相片則由你二弟夫妻掃描，資料齊全即可送出版社排版。

你三兄弟寫的紀念文稿，和莉莉姐弟寫的稿子，都以原作呈現。你承緒姪的是他五年下寫的作文〈給爺爺的一封信〉，你爸的自述力求原汁原味，不擅添加或刪減，才真實珍貴。

壯壯做交通警察，在馬路上值勤，風吹日曬，確實辛苦。所幸他年輕體健，磨鍊磨鍊很好，但一切要小心謹慎，保護別人，也要保護自己。

今年的農曆年在學期尾聲，你二弟他們下週一開始放寒假。現在的孩子很可憐，完全沒有童年！每日放學後即趕補習班上英文、數學課，或者練鋼琴；書包每個都超過四、五公斤重，小小的身子被壓得直不起腰板，不知教育部官員幹嘛要虐待未來國家棟樑？倒行逆施，可悲呀！

你兩弟小時候，爸媽不給壓力，讓他們快樂玩六年，假日不是去參觀書畫展，就是去郊外爬山，親近大自然，認識植物昆蟲，享受童年樂趣，功課也沒差到哪去！

三舅家表妹，原在衛生所當護士，現在考取學校的校護，因她有「護理長和護理師」證照，敘薪時又多三仟多元。小舅長子原考上中央的「環保署」位在台北，他每天坐高鐵通勤上班，交通費太貴，負荷很重，後因家鄉公所有缺，他即自請調回家鄉服務，免去早起晚歇通勤之苦。其弟已在板橋的「亞東醫院」當醫師了。

春節後，你弟即去幫媽辦理台胞證，清明節返鄉掃墓，屆時當多待些日子，與家人聚聚。三弟妹尚無喜訊，一切隨緣，不強求。代媽問候你孀及耜慶表哥家人好。謹此

祝

春節愉快，萬事如意

媽字二〇一三年元月十八日

（農曆十二月初七汝父忌日）

淄川六十日瑣記

四月一日　星期一　晴

早上八點多，和瀚賢兒出門，從麗水街載行李到忠孝東路家，行李和伴手禮暫放樓下。九點正瀚德兒和兒媳珞西倆下樓會合，服務的司機準時在對面商店前等候，我們三人上車即出發，賢兒逕自返麗水街。

座車上高速公路，一路順暢，抵桃園機場第二航站，辦妥行李托運手續後，德兒夫妻上樓去吃早點，時德兒因空腹，胃有些不適。

我們是搭大陸「東方航空公司」班機，進入出境室等候，十一點五十分飛機升空。這是自民九十三年秋，長孫女莉莉出閣時，我和夫婿維經返山東老家祝賀之後，再次返山東。以往每次都和維經結伴同行，此次返山東卻是為維經掃墓而來，思之內心感概萬千，心情之複雜難以言說，激動得不覺眼眶濡濕了。

飛機平穩舒適，兩岸在三年前互惠實施直航，由桃園直飛濟南機場，不必在香港赤臘角機場轉機，節省寶貴時間與金錢，真是方便極了，兩岸同胞額手稱讚政府德政。

回想維經第一次返鄉探親，是先飛香港啟德機場入境住一宿，翌日出境再飛青島，一路非常艱辛。之後雖不必入境香港住宿，但中途仍得在赤臘角機場轉機飛青島。再之後雖須經赤臘角機場，但可轉機飛到濟南機場，回淄川則更近更方便了。

下午兩點半，我們安抵濟南機場。入境時看到克梓兒父子和孫女莉莉來接機。回想以往和維經同行，今則由德兒夫妻相陪，不禁熱淚盈眶。珞西和大哥的子女三人皆是初次見面，因是一家人，感覺很親切融和。德兒夫妻倆和兩姪年紀差不多，年輕人聊得來，我和德兒坐梓兒開的車，珞西和莉莉則坐世壯孫的車，一路有得聊。

我們於五點半，返抵梓兒「怡安家園」社區二樓家，長媳香浦下樓來迎接我們，親切擁我上樓。

「怡安家園」我第一次來，社區整齊，樓高六層，每戶皆有車庫在一樓；住家說是二樓，實則是三樓，但階梯深落，緩緩而升，上樓不覺得累。房子皆坐北朝南，屋內寬敞明亮，非常舒適。

此新屋是梓兒於二〇〇八年所購置。民九十九（二〇一〇）年，臘月初八世壯孫結婚時，德兒代表全家獨自返鄉祝賀時，即住這裡；民一百年七月，賢兒首次攜妻兒返鄉掃墓時，亦住在這裡，不是羅村鎮鴬橋老家。

香浦媳在廚房忙做飯，孫媳娜娜大腹便便，預產期就在中旬。晚上克和姪（梓兒親二哥）過來相聚。晚飯後，梓兒陪我三人去附近克和家，看維蘭弟妹（梓兒親娘）。見到久違的她，神采奕奕，精神很好，很開心哪！世壯夫妻先行返另十二樓家。

梓兒夫妻於二〇一一年元月父親往生，到台灣接回維經骨灰後，我們再次相聚。我們回家後，聊很多維經安葬事，多虧梓兒仔細周到，把父親的後事辦得妥貼圓滿。

四月二日　星期二　晴

早上梓兒載我們去「蒲松齡紀念館」參觀，這是我第二次來，第一次是維經同行，這也是多年前的事了。庭園中的牡丹花已凋謝，我們鑾幸運，欣賞到它的近親——芍藥正開得燦爛，素雅迷人，令人想入非非。

回到家，十點多莉莉、六舅、舅媽雙雙來家。中午八舅和十舅聯袂而來，外甥耜慶父子也趕到聚會。飯後大夥聊到兩點多，意猶未盡，才依依辭別。王榮（克和女）姪孫女也來家看我們。三點多午休後，約五點全家去岳店看永英姐（維經髮妻）的侄兒們，晚上七點在附近餐館席開兩桌，惜五兄弟中之老三已往生，老二因腳不良於行，不克參加外；僅老大、老四、老五三兄弟，以及其姐妹和第二代的兒、媳，女兒、女婿們都熱烈參加聚餐，眾多表兄姐弟齊聚一堂，熱鬧又開懷。

他們的生活條件越來越好，個個衣履光鮮，滿面春風。年輕一代有創業當廠長和做貿易，或擔任公職等；每家都有自用汽車和寬敞舒適的住房，這都是我們樂見的繁榮景象。

上午岳叔（長我四歲的堂叔）由美來電聯絡

四月三日　星期三　陰晴

上午八點多，梓兒開車載我們回寫橋老家，香浦留下。克梓兄弟和珞西、我四人，帶著供品紙錢上墳。到彼遇到克謙姪長子王華和克和叔姪也在掃墓。

我們帶著香浦備妥的供品、水果、糕餅和金紙元寶在墳前擺上，並把維經生前撰述的《王維經九十自述》自傳，供奉在墓前告慰他在天之靈；我遵從他的遺願，骨灰由梓兒夫妻赴台，悲喜迎回老家落葉歸根，與父母、髮妻相聚安息。

回想民九十九年底，我正準備出第三本書《紙寮窩紀事》時，賢兒開車載父母及兩個孩子，從莒林返台北的高速公路上發生車禍，車內五人，幸蒙慈悲菩薩保佑，皆無大礙，唯我頭皮撕裂傷，急診手術縫合，住院三天。

出院返台北後，我一面療傷，一面忙於出版社排版校稿，是為要趕在父親百歲紀念前付梓，因此無暇整理維經手稿校對。車禍當下維經似受到驚嚇，之後體力日漸衰弱，精神不振。車禍之後我受到很重的打擊，療傷期間照顧他的生活起居，常感力不從心，因此跟維經表示，說目前我無法幫他整理手稿，完成他的自述，但請他相信我，就算哪天他百年歸壽，我定會盡心盡力，把他辛苦撰述的文稿，整理得完美告慰他，決然不會讓他的心血消失。他聽了很放心，說不必急於一時，一切慢慢來。豈料他在翌年底就往生佛國，而未親眼看到他的自述，這是我耿耿於懷，最感遺憾之事。

今次和德兒、媳婦回來祭祖，供上他的自述，就是要他英靈得到安慰，對他我是履行諾言，對自己算是了一樁心願。

今早出門前岳叔又由美來電話，問我在山東可好？

中午在老家，梓兒請三位叔叔、維倉、維潼、王冀和克增姪、克和姪來家聚餐。

梓兒從外面飯館叫六菜一湯，還蠻豐富。之後維蘭弟妹（她回老家）也來家坐，克增兒來接他回。一年輕女士來家，親切叫我奶奶，原來他是莉莉的乾姐，就住隔壁，知我回老家特來看我，好有心，很感動。

飯後德兒和珞西倆則到屋前屋後巡禮一周，看看爸爸少年時故鄉舊貌，並且前後各拍了一些照片，以資日後重溫，儲存故鄉老家不同角度的樣貌，可說是此行的最大收穫。

老家已非舊貌，二〇〇八年梓兒花兩萬八仟元，把它改了格式，室內重新裝潢。此屋由梓兒設計，改客廳顯得寬敞明亮，地板換去淺灰色石材，改鋪淺色暖色系瓷磚，右後一廚房及衛浴抽水馬桶設備（院裡另有一套）非常理想，前院擺一球桌休閒用，大門也改過入口……很棒！只惜維經已不在，不然不知他有多歡喜呢！下午四時我們回怡安家園。

四月四日　星期四　晴大太陽

早上九點克梓載我們去青州看莉莉孫女，卻在路上大塞車，原五十多公里路一小時可達，因塞車拐來拐去，多走十多公里路。莉莉家是一個中型社區，叫「南燕都」。大陸一切發展快速，不只城市發展或經貿，各方面突飛猛進，小城市或鄉村皆然，一片欣欣向榮，令人雀躍。

莉莉家在三樓，進門是客廳，左邊是餐廳和廚房，大小適合小家庭；樓梯後是衛浴室，再裡客廳隔壁是朝南主臥房，它隔壁也有一房，窗外有寬敞陽台曬衣間，整座房三面採光，室內明亮舒適宜人。

我們稍坐後，於十二點趕到莉莉公婆家，路程約六公里。此地是一大社區，一樓全是車庫，二樓以上才是住家，雖樓高六層，惜沒有電梯。房頂上皆有太陽能熱水器設備。莉莉婆家三樓很少住，皆住一樓車庫，裡面設一張床及衛生設備。前面寬敞空間當客廳，進門右手邊當廚房。

我們到時，莉莉婆婆已備妥豐盛菜餚，有清燉土雞，他公公獵的野兔羹，其中最爽口好吃的是「海蜇皮拌黃瓜」，另外包百來個韭菜餃子，德兒夫妻吃不少，我胃淺食量較少，莉莉婆婆看我們吃得很開心，一直鼓勵我們「猛吃」，主客盡歡。

屋前為一大片公園，內無建築物，故視野極佳；空地上種許多果樹，有桃、杏、李、柿，有的正含苞，有的已微吐蓓蕾，姹紫嫣紅開滿樹稍，煞是好看。因樹枝皆未發葉，果樹間隔的空地種一畦畦的韭菜、菠菜、大蔥和大蒜，還有芍藥數叢，其葉與月季花葉皆呈紫紅色，像花一樣好看。兩點多辭別時，莉莉公婆送上一包蔥和菠菜讓我們帶回。

壯壯來時到張店搭快鐵，約十八分鐘抵青州，唯下車後須轉公車，費時一個多小時，與我們在此吃過後，由壯壯開車，莉莉攜兒同行，德兒夫妻坐她的車。途經「雲門遊樂區」我們大夥下車順便逛逛。看孩童放風箏後，即從另一條路回淄川，經過張店、羅村，在家附近飯店吃晚餐，一天緊湊的行程，我們都累趴啦！

四月五日　星期五　天陰細雨甚寒

早餐後壯孫夫妻過來，我們開兩輛車一起去「梓橦山」看看。零二年來時，門票十元，今全票三十元，蠻貴！梓兒夫妻持老人證，門票優惠減半，我年紀大也享半票優惠。

入園後天上忽飄細雨，影響興致。此地正大興土木，入園下坡前即有一人工小水庫。昔日與維經來遊一同拍照地景已被鏟平，昔「鬼谷子」道場前，一整排茂盛的紫籐花牆，完全消失蹤影。我們一行循水庫邊曲折小路前進，到鬼谷子講道聖地，皆未見祖父懷琪公於光緒二十六年捐一拾千銀元之高聳圓柱。過吊橋往回走，德兒到另處尋找時，我與香浦已走了一段路。莉莉打手機說已找到懷琪公捐款石碑，走近前細看，是長型立碑，不是我與維經親手摩挲過之圓柱，恐已被移至別處去了，悵然不已！

時雨越下越粗，地上已濕滑，回家梓兒夫妻忙煮中餐，飯後，大夥午休。四時醒，全家去張店外甥耜慶家。耜慶已遷至別處一樓房，此房比以前住的二樓小很多，但仍有一書房、一廳二臥房，前院有一片空地，除蒔花還種菜。研麗外甥孫女與其女都在。甥媳端琴仍是老樣子，一團和氣，親切和我擁抱。

我們寒暄後，大夥即赴大飯店──「金太洋」二樓吃飯。過往我和維經返鄉，耜慶一定找大飯店招待舅舅衿子，這是他對長輩最真切的表現。這裡有專人服務，套房很大，有專用洗手間、掛衣間及大沙發設備，大圓桌可坐十六人，非常豪華氣派。

我和梓兒一家及德兒夫妻共七人，耜慶夫婦和兒子研群夫妻孫女五人，加上研麗夫妻和女兒，坐滿一桌。七點半開席，菜餚極豐盛，還有烤鴨等等。研麗姐弟和世壯孫、德兒夫妻聊得很開心，至九時半才結束豐盛的饗宴，消費約千餘元。飯後回耜慶家稍坐，耜慶倆又送件新衣給我，還有黑白木耳、紅棗等順便帶回。研麗的女兒暑假後，要赴美深造。

十點返抵家，休息時，香浦備熱水給我泡腳，真周到。

四月六日　星期六　晴

今天莉莉與壯壯，原要陪三叔、嬸嬸去濟南看看，上網知假日大塞車，改明日再去，唯莉莉要回青州。早飯後乾脆陪叔嬸逛街，孫媳娜娜上班（她在這醫院當護士）去。珞西去壯家洗頭髮，我們也過去。壯住家就在這醫院圍牆外，二十樓中的十二樓，社區花園粉紫色的辛夷（台灣叫紫色玉蘭花）開得很美。中午莉莉請吃火鍋，八大一孩約三百元，打折後二百六十元。

下午二點半午睡，醒來已近五點。晚上王信（克和子）攜女和父親同來，他們離去後，我泡腳。梓兒夫妻去壯家睡，莉莉明天要上班，孩子要上學，梓兒疼女兒，要她天亮再走才放心。

四月七日　星期日　晴

珞西有些小感冒，服藥後休息。我與梓兒、德兒去暖水河看他二姑家表哥。外甥已八十一歲，精神尚佳，其妹腿不甚好，騎機車與夫來此相聚。他們經濟不是很好，舅舅往生，他兄妹倆竟各包六百元之厚儀，對長輩孝思，令人感動。見面不勝唏噓，外甥握緊我雙手，含淚思舅，我亦淚滿眶。送他兄妹各一本《王維經九十自述》好了解舅舅當年少小離家別母求學艱苦的情境。

告辭時，外甥依依不捨，仍拄杖送我們到巷口，我不忍回首，想此一別未知尚有相見之日否？返家後知莉莉母子已返青州。中午來電告知已安抵青州。下午德兒洗過澡即打包行李，仍一大皮箱、兩紙箱及另兩提燒餅。晚克和姪過來，其女王榮母子亦同來。

四月八日　星期一　晴

早上四點五十分，克梓返家，德兒夫妻起來喝大嫂煮的麵湯時，紙箱早已被拎下樓啦，大皮箱克梓正要搬，我說兄弟倆一起抬。梓兒送弟倆至濟南機場，九點半梓兒已返家。午休醒，香浦媳說德兒倆一點多來電話說已平安抵家，請勿掛念。

四月九日　星期二　大晴天

早上九點秋岳叔由美來電，說他預計四月二十九日返台，要與岳嬸商量，想到山東來玩，問可方便？我說沒問題，歡迎來玩。

一早克梓要我打電話，問弟弟胃腸好些否？他去郵局寄書給棗莊學院。我打電話回台北不到十點，珞西接的，說哥哥將回忠孝家取帶回的土產，德兒明日要去台大醫院照胃鏡。

下午三點多，午睡後洗頭髮洗澡，洗內衣襪子。四點多壯壯來電說娜娜有些陣痛，醫生說已開一指了。香浦即煮晚飯，吃過飯過去看娜娜。

我和梓兒八點到壯壯家看娜娜，她胃口不佳沒進食，也不能坐下，站在浴室門邊休息，我看了好心疼。過一會我和梓兒返家，香浦留下。十一點就寢前，壯壯來電說娜娜已上醫院待產，醫生說約十二時會生。我第一次起身如廁，克梓說娜娜在子時生了，母女均安，他剛到家。他提醒我，說浴室有一盆是「胞衣泡水」見了別怕。看到那一盆血水，我被嚇到，在台灣生產後，我們看不到胞衣，未知醫院如何處理，在大陸卻可帶回家。

四月十日　星期三　農曆三月初一　大晴

早上八點時吃過早餐，梓兒載我去醫院看娜娜和新生兒——曾孫女。送上賢、德兄弟的賀卡及紅包，我也送上見面禮。時九點多，娜娜的父母由羅村來探視。壯回家，我和梓兒倆三人返家，十一點前香浦做好飯菜送給娜娜吃。

莉莉下午六點到家，晚餐後於六點多去醫院看娜娜。

八點半德兒來電話說，照胃鏡只發炎，並無大礙，要我們放心。他說看祖譜沒列姑姑名，又說上網查歷史，王懷琪甚了不起，在其他地方亦捐輸甚多，是位有名的慈善家。我說這就是祖上積德，福蔭子孫，我們後代子孫應效法祖上悲天憫人的胸襟，多做善事，則無忝所生。

沒多久，壯壯給乃父電話，說三叔電賀他弄瓦之喜。

四月十一日　星期四　晴風大冷

早上香浦和梓兒送飯去醫院。昨晚莉莉在醫院陪弟媳，王榮也在彼待了一整夜，可見他們姊弟手足情深。九點香浦來電話問我吃早餐了沒，我已用過她做好的早餐，又啃了一只蘋果，藥也服過了，唸半小時心經後，又唸大悲咒迴向。

十點克梓倆返家收拾好，我們於十點半回窩橋。午飯後約一點多，壯壯辦好出院手續，載娜娜和嬰兒回窩橋老家，莉莉懷抱姪女。四點她從老家開車回青州，五點半到家。娜娜產後胃口不開，身體尚未復原，嬰兒很乖。香浦請隔壁女醫師開藥，娜娜服後，晚上喝一大碗小米粥，嬰兒開始吮母乳。

晚上八點多棗莊學院胡書記來電話，說書已收到，並無其他客氣話。壯接的電話，說他不是說要找某某「她在嗎？」劈頭問壯壯——你是誰？真是無禮！

晚上很冷，香浦拿厚衛生褲給我保暖，今天大夥上下忙碌，於九點早早歇息。

四月十二日　星期五　晴出大太陽

昨夜裡如廁三次，還好被是新的又軟又暖，睡得很舒適。七時起床，早飯後續讀「王氏文化」內容充實精采，對王氏先祖略懂一二。

十一點出外沿屋後往北走，再遶向東，再轉向南逛市場。市集有賣蒜胎的，一斤八元很便宜，途遇克謙姪（克梓親長兄）買水果。午飯後睡不好就起來，克謙姪夫妻和寧媳陪弟妹（她回老家）過來坐坐。

晚睡前九時打電話給賢兒，他說還有學生尚未離去，他也還沒吃晚飯。他說劉鴻香大嫂（維經同學楊振中妻）來電話找我，邦明族弟也來電；並說台北下雨一週，每天濕溚溚。我問水庫有水嗎？他說早不缺水了。並與克梓聊一下，要我代謝克梓和莉莉送的禮物。晚壯壯回淄川取物。

四月十三日　星期六　晴風大

早起，梓兒說賢德兩弟，昨晚來電說週六日通話打一折。約十點維蘭弟妹來家，坐半小時自己回去。娜娜弟弟來看她，十一時壯回鵞橋，晚克謙家姪孫媳來看娜娜。

上午維蘭弟妹來家坐一會兒，自返。晚香浦包餃子，很香，皮薄餡飽，我吃九個挺撐。九時就寢前打電話給賢兒，他說尚有學生未走，他忙得還沒吃晚餐，說台北連日下雨，洗的衣服全靠除濕機烘乾。克謙兒王華妻送一大袋菠菜來，她帶孫子來，這孩子長相端正，乖順很可人！

四月十四日　星期日　天晴無風

早上八時半，去克謙家看維蘭弟妹，她來兩回，我禮應回訪才是。梓兒陪我過去，原想坐坐，聊一會兒就回，克謙姪客氣留我在彼吃午飯。我陪弟妹上街走走，即可回家，克謙妻堅要我回她家。我與弟妹倆在院子裡曬太陽，他夫妻入廚準備午餐。克謙姪炒茄子、炸肉條、炒青椒、肉絲炒西芦蘆，克謙爬樹摘香椿芽炸，並包素餃子，好豐盛的午餐。正在用餐時，壯壯來接我回家吃飯，隨後香浦來接我回家。歸途遇一鄰人送一把菠菜。

到家梓兒正午休，壯壯說三叔來電，說沒啥事。

在弟妹家，她談了許多梓兒他娘的事，在爸爸返老家之前曾在冠莊——即爸爸姥姥家算命，說爸爸這人還在，挺好，克梓娘聽了放心不少。弟妹又說，爸爸返家探親前，她夢到很多水，水有游渦，且沽沽響流動著；據云這是好夢兆，結果不多久，爸爸終於和家人聯絡上啦，可真是好預兆啊！

下午五點德兒來電，說台北的雨下不停，林洋港昨日逝世。晚七點多劉海夫妻來家，梓兒說他是奶奶乾女兒之後，兩家一直走得很親，像親兄弟一樣，對我也很親呢。

劉海長得英挺帥氣，對我很親切，零二年我和維經返鄉，克梓忙業務，由香浦陪公婆遊青島、嶗山、蓬萊仙島，即是由劉海開車相陪的。九八年我回來，今次再見面，他看我滿頭白髮，心疼地說：「大娘您的頭髮都白啦！」我安慰說這是自然現象，我不染髮，自然最好。

四月十五日　星期一　　東晴西陰31度

早上起來發現右後肩胛骨不得勁，一動就痛。壯晚上回淄川購物，梓兒今午要搭車去煙台辦事兩天，坐普通車須時五個鐘頭，克梓叫壯壯回鴬橋時買一瓶紅花油回來。十點半嬰兒要去醫院打預防針，我順便回淄川洗澡，因鴬橋浴室沒保暖的水銀燈設備。

九點多娜娜父母來探望，他倆沒打招呼，逕自到娜娜屋裡看嬰兒。在醫院時第一次見面，也只是點點頭而已，想他們太內向，不好意思問好寒暄吧！他與莉莉婆婆待長輩親友的態度，真是大不一樣。

十一點，壯壯送梓兒去張店搭快車去煙台，週四晚回家。下午一點多莉莉請兩位同事，載嬰兒床來，停留兩小時即返青州。

夜裡左肩筋脈疼痛，徹夜難眠，一夜數起喝水，每次起身必以右手按住肩頭痛處，熬到六點天亮，香浦用紅花油幫我擦拭按摩，稍解疼痛，即躺客廳沙發，安睡至八點半始醒。電視報導美國波士頓發生三起爆炸案。

四月十六日　星期二　先陰後晴

早上八點多起來，壯壯拿麝香膏藥布給我貼上，並以發熱袋熱敷，感覺舒服又睡一小時。梓兒來電關心問有去看醫生嗎？我認為不必，因右肩胛昨天香浦按摩後已好多了。但上床躺下或起身都得以右手按住痛處，以減輕痛楚。

午睡前香浦再幫我按摩，並用熱水袋敷。說來真不好意思，香浦媳要照顧產後的娜娜，和嬰兒，我這又給她添忙，真過意不去。快四點起來已好很多，晚上睡前香浦又幫我按摩一次，心想明天必可脫離苦海，經數天的折騰，我像生場大病般疲累。娜娜母親來，仍不多話，悄悄地來，靜靜地走，沒見過這麼害羞內向的人。

傍晚克謙送菠菜來，聊半小時告辭。

四月十七日　星期三　陰晴冷

昨晚一夜折騰，左肩甚不適，香浦再幫我按摩。十二點岳叔來電（美國晚九時）午睡醒維潼來，出去又回來。之後克增妻來。壯壯去修車，回來載娜娜去按摩乳房催乳。香浦備豬腳、鯽魚湯、絲瓜絡脫奶，仍無奶水。

壯壯順便到張店車站接梓兒，於六點多到家。晚上香浦請中醫師來家為我針灸。原來筋骨不適是受涼所致，醫師在我兩手背食指與中指之間各扎一針，約一小時起針，並服兩種中藥。

這位中醫師王家和，是咱王家族親，比壯孫晚一輩。據梓兒說他天資聰穎，並非中醫科班出身，全靠自己用功勤學自修有成，而成為合格中醫師；並且在淄川有名的診所坐診行醫，可見他的醫術精湛，作人踏實，誠懇親切，博得患者一致稱頌，可說是一位岐黃界奇才，王家之光。

九點起針，感覺頸部輕鬆許多。德兒來電，他與壯壯在網站聊天，才知娜娜產後無奶水，特到醫院按摩乳房催奶。

下午四點多維潼叔來家，克增妻也來家坐坐。晚飯後維潼三女兒來家，於九時離去。

四月十八日　星期四　晴冷1度

針灸後，通體舒服一夜好眠，七點十分尚未起來，接文友劉守相先生於「張家界」撥來電話問候。問他怎知此處電話號碼，說是問賢兒抄來的。他真有心，到大陸旅遊不忘電話聯絡，很感動哩！

中午新聞報導，美國德克煞斯州肥料廠大爆炸，死七十人，傷多人，是否與日前波士頓爆炸有關？

今天香浦包一百二十幾個餃子，我吃十個甚飽。回老家來，鄰居故舊送的青蔬吃不完，好不容易才清了菠菜，今又有人送菠菜、韭菜來。壯壯同事分了一堆香椿芽，香浦洗淨醃上，要我帶回台灣。

晚七點家和醫師來（他住在巷口街上）我告以右腰痛，他說要針右腳指。在台北看醫，是哪裡痛針哪裡，感覺這位族孫醫術高明。我平躺沙發上，他在我的右腳小指間，扎四針，一小時後他回來起針。當時不覺得如何，可半夜翻身自如，一點兒也不痛了，真是神奇，一夜好眠，多感恩啊！家和醫師妙手消痛，卻未收分文診費，真不好意思。

四月十九日　星期五　陰一度至零下

早上九點多莉莉就從青州趕到，之後親戚朋友先後陸續趕到。這是梓兒弄孫之喜請客，十一時半在家附近飯館，席開八桌，菜餚豐盛可口，還有整隻燉鱉肉，一桌數百元，還算體面不失禮。

娜娜娘家親戚來二十多人，香浦娘家也來二十多人，岳店來兩位姪子，還有外甥耜慶父女，以及本家叔姪、姪女、姪婿等齊聚一堂，暢飲祝賀。客歸時，回贈熟雞蛋八顆、三盒甜糖，賓主皆歡。

因天冷午睡時，雖開電熱器保暖，腳卻一直沒暖過來。晚上下點雨，梓兒和香浦說是「凍雨」，凍雨是因天冷，未落下來即被凍成冰。八時前正泡腳，克梓倆說外面下雪了，說有兩公分厚呢，太驚奇啦，剛聽新聞報導說山西太原下暴雨，又報山東北部也下雪了。

梓兒說他們從沒聽過，清明過後還降雪的事，今天是二十四節氣中的「穀雨」還下雪。梓兒用杓子在車頂上盛一杓白雪進屋給媽媽看，它雪白綿綿地，但不很冰，真太有意思了。這是生長亞熱帶台灣的我，七十多歲第一次親眼看到的「白雪」。難怪梓兒笑嘻嘻說：「這場雪是老天爺特別為媽媽下的……」

吃晚飯時喝葡萄酒，感覺是冰過的，非常順口好喝。我雙腳泡在熱水中，手裡抓著白雪，好奇特——喔，趕緊擦乾腳，穿上皮鞋和外套出門看雪去。

院中屋簷下已鋪上一層白雪，屋前房頂的瓦盡是一片白，到門口一看，梓兒的車身全被白雪覆蓋，我興奮地在車上寫英文字GOOD。想到爸爸第一次回鄉是在農曆年，都沒看到下雪，他十次返鄉都沒遇到下雪，好像冥冥之中，要讓生長台灣的我，親身體驗白雪皚皚的情境吧！我回屋記下這段奇緣。

九點電話告知台北兩兒，說媽媽在老家遇到下雪啦！之後德兒來電話知此地下雪，很驚奇，囑我外出小心，九點半賢無電話來即就寢。

四月二十日　星期六　陰冷零度

一覺醒來，不知昨夜雪下到何時，前面屋瓦全覆蓋一層厚厚的白雪，煞是好看，世界真是潔淨，氣溫在零度下。因梓兒、香浦皆喊冷，於是客廳打開電暖器，氣溫上升至一九度，風扇重新開啟。我站上椅子看窗外枝頭掛著白白的棉絮景緻；上午十點後出太陽，瓦上的積雪開始融化，雪水如雨滴滴下，午飯之前瓦上的積雪消融得差不多了，至下午兩點多全化成水，再也看不出下過雪的痕跡啦。

中午看電視報導，始知四川雅安縣發生七點零強震，死亡四十六人，民眾全力搶救中。

梓兒說賢弟昨晚十點半來電話，時我已就寢。晚上報導地震死亡人數驟增至一百三十三人。睡前把手機放床邊，想賢兒前晚十點多打電話，媽睡了，肯定第二天會打來，豈知一晚都沒打，唉！

四月二十一日　星期日　冷有陽光

早上七點多守相先生來電話問候，並要老家地址。飯後陽光下，無風即出外走走，約三十分鐘即返。進屋看小傢伙，似長大了些，兩眼很有精神咕溜溜轉，娜娜恢復很好。

午飯後梓兒說天氣好，他要上莉莉八舅家農場拿香椿，睡醒即同去。我們在八舅家農場摘一大袋香椿芽，還挖了蒲公英，說可治高血壓。坐車返家時很熱，到家即把香椿芽撿好洗淨，晾乾。帶回的韭菜，香浦即包水餃，皮薄餡飽，前次今次我各吃十個。

壯下班回來，晚飯後再請中醫王家和來家針灸，他說我受寒沒完全好，這位本族醫生照輩份要叫我「阿太」，問梓兒醫費若干？梓兒說他不會收咱錢，因之前克梓他娘用剩的「羚羊角」送給他，那是很值錢的藥材，故不會收費。

雅安地震死亡人數增至一百八十六人。郭台銘捐伍仟萬人民幣，郭先生真是個大善人，他在大陸掙錢，不忘回饋社會，率先捐輸救難，是其他企業主效法的典範。

晚八點多德兒來電話，問媽媽受寒完全好了沒？可賢兒至今仍無電話來，就寢時梓兒又把手機放我床邊，想賢兒會來電話，結果仍無電話，未知他到底忙些啥？

四月二十二日　星期一　　陰晴

昨晚睡得香甜，晨起吃一碗半麵條、一顆醃蛋。安雅震災增至一八八人亡。今早壯去上班，天暖些，下午睡三小時。晚上等賢兒電話，仍無！

四月二十三日　星期二　　陰晴11～17度

中午請弟妹來家吃中飯，香浦炸她拿手的肉條、炸洋蔥、炸香椿芽，她都能吃，看她吃得合口很欣慰。飯後有客來，弟妹便與其一同離去。原以為午睡不必開電熱器，但陰冷無法入睡，只得起身開了才暖和些。安雅遇難者增至一九二人，令人難過。

四月二十四日　星期三　晴11~22度

蘆山地震遇難者一九三人，希望不再有人亡故。

下午睡不好，即起來看書，不到三點弟妹來家聊聊，後我陪她回家走前街，在彼坐到四點即返，克謙姪在院中爬高採香椿芽。

晚上莉莉來電話和奶奶談很久，她說她很後悔，結婚那次爺爺回家沒有好好相聚，多陪爺爺聊聊。我說人生本如此，再怎麼周全還是有不及之處。她說北京的吳丹（大學同學）剛生了兒子，全家都好高興，我也祝福她。

睡前拉窗簾見皓月高掛，原來今天是農曆三月十五日，未知賢兒記得吃素否？民九十九年十二月十二日，賢兒載父母從苳林返北途中不幸發生車禍，媽媽頭皮撕裂傷，所幸爸爸和兩子女皆平安，但爸爸似有受到驚嚇。兒媳美筠曾把我們車上五人的衣服，拿到「行天宮」收驚。他為此深感內咎，因此許願初一十五吃素，祈求家人平安。

晚上躺床上很久不能入睡，後來才搞清楚是太熱了。說來實在好笑，年輕人頭腦清楚長智慧，年紀大的人反應越來越遲鈍，睡覺翻來覆去半天，最後才搞清楚原因是「太熱了！」唉！只得起來把熱毯收起才睡著。

四月二十五日　星期四　晴17~29度

今天是維經身份證上的出生日，我永遠忘不了。

早上六時起床，昨晚克梓就把要帶回淄川的東西搬到車上。早餐後七點多我即與梓兒先回淄川，不到八點半就抵達。我倆把雜物搬上樓後，梓兒即回鴦橋接香浦婆媳和嬰兒。這回我們在老家整整住上半個月，這也是克梓細心周到之處。他為老家眾族親祝賀他孫女誕生之喜，方便探視所做最貼心的決定。

梓兒開車離去後，我即洗頭洗澡，洗內衣及長褲，待我剛把這些瑣事做好，梓兒他們四人也已回到樓下啦。

十二點多秋岳叔由美來電，他說大陸鬧「禽流感」疫情猖獗，旅遊業已掉三成。據聞已有台商感染住進台大醫院，說山東也淪陷……克梓說棗莊倒有一例。岳叔叫我勿等六月返台，趕快回家為妙，說得人心惶惶，今晚打電話回台北問賢兒。

晚八點多誼妹翠麗從台灣來電話，原來因禽流感，她沒去廣東與夫團聚。九點前給賢兒電話，他原要等九時後打來，壯壯說大陸往台北打二十四小時一個價，沒差。晚九時後及假日台北往大陸打有優惠，德兒上網查知，告訴哥哥。賢兒說有一台商去上海、浙江、江蘇回台，當時沒怎樣，之後發燒已確診染上H7M9，已在台大醫院裝「葉克膜」治療，仍昏迷不省人事。賢兒說媽媽難得回山東，就多住些日子，如不然可隨時撥電話改班機日期。他說其實出入帶口罩，勤洗手，應無事。這事擋不住，五一大陸遊客大量移動，進出頻繁要如何防？

兩孫承緒和蔚綸兄妹來跟奶奶說話。承緒最拿手的國文考，竟滑鐵爐，其他科目考得不錯，妹妹也進步很多，奶奶聽了很開心，口頭對他倆稱讚，嘉勉鼓勵。

九點後德兒來電話，說壯壯把小傢伙的相片傳給他。說長相清秀可愛。珞西四舅幫她算八字，說叫蘊如即可，不要加草字頭。原來如此——茹是吃苦，辛苦之意，不適合。克梓說已報戶口了，暫時不能改，待上小學時再改過來即可。

四月二十六日　星期五　晴11～25度

昨晚睡，壯壯從家裡帶來小電熱器，睡至半夜即關掉。今天暖和，小傢伙不知何故，今天一直睡不長。梓兒外出辦事，順便把我寫給兩孫的信寄出。下午五點半莉莉來電話，和奶奶聊了一會。

我的發現：

一、插頭上面是220瓦，下面插座像人的鼻，並張口笑，連同上面兩孔是眼，如人臉，可愛。

插頭呈三角形，像眼鏡蛇的頭。

二、紗窗安在內，不開窗時不拈飛塵，拆卸時不會掉落外面，聰明的設計，尤其高樓最宜。

三、門把匙經處，裝一長條薄片，開閤大門不致摩擦門框。

四、樓房一樓皆做車庫，樓共六層，前後有車庫，住戶皆方便。

五、所有樓房皆坐北朝南，棟距寬以不影響他房採光。

六、每戶樓頂皆安置「太陽能」設施，住戶不愁沒熱水使用，即節省能源又方便（除陰雨天）台灣南部雨少應推廣，以節省能源（天然氣）；且洗澡時天花板上有盞水銀燈，洗澡打開它，既使氣溫零度也不覺冷。

七、樓梯間的照明燈是「感應式」的，無人經過不亮，通過時大聲一咳或跺腳，燈即亮，科學省電。

四月二十七日　星期六　大晴天13～29度

早上七點多，外甥媳端琴來電話，說明日叫孩子來接我過去住幾天，昨晚十點再打來提醒，我已就寢。我說莉莉週日就要由青州回來，且其夫將從廣東回來，若去她那裡住可得等莉莉回去之後。此地放連假很科學，週六日先上課，上班後再放假，不必像台灣之後再補課補班，擾亂生活秩序。

今天梓兒和壯壯回窩橋，把吃的食物都載回淄川。因娜娜滿月後，香浦在家看孫女，夏天不再回窩橋住了。小傢伙這兩天不知是天熱，還是其他原因，總睡不沉，常哭鬧，新手媽媽不知要如何哄，老手奶奶對她也沒輒。

早上外面無風，我即到樓下前廣場散步，三十分鐘回家，喝過水靠沙發上休息一小時二十分，感覺很累。

H7M9福州增一例，蘆山震災遇難者增至一百九十六人。

晚克梓、香浦陪逛夜市，買三只不銹鋼挫板，每只五元。回家給滿子（同事）姐打電話問好，聽聲音很有神，夫妻倆身體無礙，甚慰也。後即給二姐電話，外甥女琦蕙接的電話，她說媽媽早上即去龍潭道場讀書，明晚才會回台北。

四月二十八日　星期日　先陰後晴

昨晚餐食少些，肚腹比較舒服，可見養之道，說食七分飽是有道理的。因太熱午睡不好，起來洗澡、洗衣褲衛生衣。晚七時許賢兒來電話，說弟倆過去，一齊去師大夜市吃飯，步行回家，全家大小都來跟我講話，甚慰。

四月二十九日　星期一　晴30度

岳叔上次來電說二十九日返台，許是美國那邊的二十九日吧！

今天香浦又包餃子，她真是能幹，既要照顧產婦，又要洗尿布忙家務，把家事處理得條理不紊，得空還陪我敘家常，真是難得。十一點莉母子來到，壯買回兩斤新鮮「草莓」共十二元，合台幣六十元。兩斤重在台北可得花六七百元吧！所以要多吃些，才不枉此行（大陸一斤五百克）。

十一點多莉母子吃過午飯即外出，傍晚回家帶一劉姓乾妹母子來家，晚飯後又外出去玩。其乾妹就住在前棟樓。九點多克梓要去壯壯家睡，一直等到十一點，莉莉母子返家，始放心去。

四月三十日　星期二　晴天大熱

今天壯壯上班中午沒回家吃飯。克梓出外辦事，快十二點回家，午飯後午休。莉莉看「甄嬛傳」電視台上、下午都播好幾集，疲勞轟炸，莉莉頻讚好看，與他二叔說的一樣，我覺得一點也不好看，就那幾個女人閒嚼舌頭，耍心機鬥來鬥去，沒營養。

莉說曹鵬昨日開車北返遇大雨，今天下小雨，因二千多公里路程，開車很累，可能明天下午才回到淄川。莉的公婆人很實在，誠懇親切，莉回淄川，他特別買一大包牛肚給我嚐，感動啊。

晚七時王信姪孫與妻女和父親來家坐坐，說奶奶已從鴛橋回淄川了。

五月一日　星期三　晴冷

上午娜娜父母和弟弟來淄川，中午梓兒在外面請吃飯。菜色不錯，三青菜、肉類三樣，水果兩種，湯鮮美，一共才一百五十六元，合台幣八百元。

孫女婿曹鵬昨日到安徽，今日才到青州，克梓讓他先去辦事，再接我去青州。

午飯後一點多莉開車回青州，外曾孫阿哲彈完鋼琴已五點，曹鵬也到家了。他從廣州回趟家，開車兩千多公里，費時兩天半，真是辛苦。

傍晚香浦妹妹夫妻攜孫兒，從臨沂開兩百多公里路車，來家相聚。晚上去中午吃飯那家斜對面的「龍泉大飯店」吃，菜色很好可口，花費一百二十六元，在台北光一盤炸魚，就得三、四百元，共九菜一湯，實在實惠，剩菜和海鮮湯打包回家。

五月二日　星期四　陰涼

上午九點多，對門芳鄰來家坐。她聊到舅舅（民十九年生）曾在台灣待過，生三女，後移民到美國，回老家青島三趟。告辭時給克梓孫女一百元紅包。

五月三日　星期五　陰涼

昨晚看電視「怪醫文三塊」就寢前仍兩次如廁，後漸入睡。半夜忽聽雷聲隆隆，接著下雨約一小時，起身才五點，雨似下很大，街邊停的車均被沖去塵土。進房再睡回頭覺，起床已八時，娜她們正在吃早餐。

雨後窗外路樹一片綠油油，群樹已長出嫩芽，無風地也乾了，空氣清新，便出去走走。在空曠廣場忽起風，即擇巷弄走，一路看兩棟樓房間隔間的大片花圃，月季花抽高的嫩枝上花苞無數，隨風款擺，非常熱鬧。穿弄走巷，回到家才走了四十分鐘。很久沒活動，甚乏，喝杯水，正想坐沙發上歇歇。

王榮姪孫女來電話約她嬸香浦去她家。香浦問媽要去嗎？心想去瞧瞧也行。原來榮家即在克梓家前兩棟，走後門。榮學炸油條，手藝不錯，我吃二枝。回家帶上一包油條和韭菜萵苣，說是商丘她婆婆種的，商丘距淄川四十幾公里，榮她每天開車通勤去工廠幫忙，她人長得美，口才很好，既勤快又能幹，我稱她是咱王家的女強人。

從榮家回來很累，即躺床上歇歇，聽嬰兒哭聲，起來已十一點一刻，怎會如此疲乏？香浦安慰，說老人家就是這個樣嘛！累了就歇歇。

午餐後睡至三點起身，因天氣涼爽睡得舒服。竟做「白日夢」——去關西妹夫他給舅舅的弟弟家。風景優美，他說上有兩兄，一兄早逝，但有姪兒；說他分到的山園背風，果豐很有福氣，並介紹我看一種「山棕葱」說此物能治病，問何味？信香妹說很苦！又叫我看他成串的香蕉，被野豬吃了……又拿很多相片給我看，裡面竟有母親生前照及出殯的照片……亂七八糟！

晚六點四十五分給岳叔電話，他說禽流感已漸平息，叫我放心好好玩（通話兩分鐘，壯的手機打十元，若用家裡電話打要二十元，貴一倍）隨後給三弟邦相打，他說五月一日勞動節，六兄弟去台北總統府參觀，老婆去高雄，他自己做晚飯。說邦福（四弟）要找十二人送嫁（長女出閣）我問那位台商好了嗎？三弟說已脫險了，真是菩薩保佑。又說台灣一直下雨，各水庫已飽滿，不缺水啦！

正要就寢，端琴甥媳來電話說，明日下午三點叫孩子來接我去住幾天，聚聚聊聊。

五月四日　星期六　晴

下午三點多，耜慶由兒子研群開車，接我去他家，五點到達，耜慶家屋似比克梓的先蓋，一樓沒有車庫，但有地下室。住屋橫豎三十幾步對乘。南面三間房，客廳旁那間是書房，前有曬衣間，接著兩臥房，書房前是餐廳，後為廚房，最裡一間，前半是盥洗室及洗衣間，後是洗浴間和廁所，兩人住很寬敞舒適。

端琴開的診所，雇七八位工作人員，其因孫女要參加高考，兒媳倆在周村租屋陪讀。端琴晚上八點多返家，我們一起吃晚餐。後德兒來電話，克梓告訴他，說媽媽被表哥接去住啦！他聽了說要轉告哥哥。克梓來電話說次日來張店接我回家，端琴說研麗要請舅奶奶吃飯，叫克梓延後來接。

五月五日　星期日　晴

早上七點半端琴帶飯盒上班去。耜慶陪我到住家附近散步。住屋的兩邊有條水圳，圳水充沛，圳寬兩岸垂柳茂密，花木扶疏；這邊路旁栽植多種樹木，杏花早謝已結指頭大小果實。步道人工堆砌，曲直變化多樣優美宜人。對岸是一大社區，屋齡看來很新，沒多遠即有座橋橫跨圳面而過，煞是好看，方便兩岸居民通行。後段駁崁更是以白色小石頭砌成，頗為美觀，令人徘徊流連。回程另條路回家，到家已十二點一刻，午飯後休息。

下午耜慶拿他精刻的印石給我欣賞，又找出朋友及淄博市老人書法協會會員之作品集，其中一冊國畫，令我愛不釋手，他大方說送妗子帶回台北。晚端琴來電話叫我們先吃，她仍因忙碌走不開，於八點多才返家。

晚賢兒來電話說劉守相先生曾來電話，並告知二姨將於筱藍表妹出閣次日，赴醫院做膝關節手術。梓兒怕我住不慣，說曹鵬已將事辦妥，莉莉要接奶奶去青州。

端琴說週六研麗要請舅奶奶吃飯，叫克梓週日再來接。

五月六日　星期一　晴熱

早上端琴帶我上市集購物，早餐後我與秬慶在前院菜圃剪韭菜，挑揀乾淨。端琴叫小傅（兒媳）到診所接班，她今天請假。

秬慶陪我到路口大街對面公園散步，裡面樹種很多，園中有一人工設計之彎曲大水池，很多老人即在池邊樹蔭下打太極拳或跳有氧體操，非常熱鬧，返家十一點半。

到家始知端琴在家和麵包餃子，有芹菜絞肉餡、韭菜蝦仁餡、紅蘿蔔蝦肉豆腐餡及茴香餡共四種。麵皮很軟，我洗淨手即幫忙包，一共包了六百多個；另有醱麵包的大餃，還有白胖的大饅頭，擺滿一桌，像做買賣的商攤。原來端琴做這麼多麵食，是要帶給研群姐弟的，真是天下父母心！

傍晚五點多，我們三人拎著幾包麵食，先送到診所給小傅。小傅比之前豐腴許多，很福相好看。之後直接送去研麗家，她家才住五六年，仍很新，設計不錯，進門右邊是客廳（南向），左邊是餐廳，後是廚房，旁是衛浴間，比台北一般人家的客廳寬敞許多。再進去客廳旁是書房，有一架鋼琴，再裡是主臥室，對面是一雙人床之大房間；曬衣間則由客廳東邊門出去，即書房之前，很理想，大陸一般住家都有曬衣間，窗外看不到「萬國旗」。精明能幹的研麗說，當年購置時，一平方兩仟元，今已漲到七仟五了，她夫妻無形中又賺到一大筆鈔票，眼光獨到，令人佩服。

晚六時研麗夫妻請我到「海棠居」吃飯，因我要求不吃肉類，就盡量素淡些。白菜涼拌、一蒸金瓜、蝦仁芙蓉青耳、長豆角燜茄子、公煲馬鈴薯及「三針魚」，每人一尾。三針魚稀少且貴，因其肉質細膩，皮滑汁甜，太好吃啦！研麗先生小蒲，是蒲松齡後裔，家教良好，彬彬有禮，對岳父母非常盡孝，對我這個遠道而來的舅奶奶更是禮數周到，今晚這一餐高檔素食佳餚，讓他花費不少呢！

五月七日　星期二　晴

早上端琴上班與我擁抱，含淚說：「盼妗子每年能回山東和我們相聚……」。正九點克梓和壯壯來接我回淄川，他說莉莉今天要接奶奶去青州住幾天。到家我立刻洗頭洗澡，正穿衣時，莉莉在浴室門前喊：「奶奶！」原來她夫妻由青州已來到淄川啦。在耜慶家住三天，回家看小蘊如似又長大些，好可愛。

午餐很豐盛，有香浦拿手的炸肉條、炸小魚、小蝦，還有牛肚炒青椒、炒茼蒿等。飯後我即倒床休息，睡醒吃過解渴的西瓜，約三點多出發，我這個「浪人」又拎起小包出門。克梓說媽媽可以去爬山，即把我的新布鞋拿來。

傍晚六時前安抵莉莉家，她婆婆已包許多餃子，之後公公來接婆婆回去。晚餐有餃子、黃瓜拌豬頭肉、炒山藥薄片，甚可口。飯後莉莉帶我和阿哲去逛街，約五百公尺遠，後起風即打道回府。泡腳時給莉他三叔打電話，時他正下樓去買晚餐。飯後又通電話，德兒驚訝說，媽媽上午還在張店表哥家；中午回淄川，晚上卻已到青州啦！在淄川接到劉守相先生由「常德」的來信，晚九點半就寢。

五月八日　星期三　陰後雨

早餐後，由孫女婿相陪出發上「雲門山」，莉莉婆家即在雲門山下左邊路進入的社區。孫婿停妥車，上山入口驗證時，青州市民出示市民證全享免費入園。我出示台胞證，因已超過七十歲，可享老人福利優惠，免購門票入園。

孫婿鵬在園門台階前大水池照相留念。池中錯落岩石陣裡，裝設「乾冰」噴霧，白色噴霧冉冉而昇，有如黃山的煙靄遼繞，煞是好看。

此山共四百二十米高，是明代嘉靖某王公為其姑母祝壽，在山之半腰石壁上鑿刻一巨大壽字而得名。山路石階，每兩階即平坦，再上兩階，拾級緩緩而上，並不累人；階梯兩側遍植長青扁柏，間不遠即在樹幹上置乾冰設施，不時噴放細如雨絲之水霧，遊客不察，實有如置身黃山雲海薄霧之感。

約上山五分之二後，山上皆是石灰岩峭壁，一片一片堆疊，紋理儼然。山頂有一無樑之圓頂道觀，外貌如蒙古包，據云大陸僅三處有此圓頂道觀。左邊有涼亭一座，上坡時十分艱難，因大片岩層高低不平，參差羅列，往上爬十分費勁。下山時走另一條緩坡路，即經過大壽字，我們在此照相留念。因壽字很大，最下面那個「寸」字自然大，故有人戲曰：「人無一寸高」即由此而來。

沿途以山東遊客為多，也有從加拿大回來的僑胞。一遊人問我年歲幾何？我以山東腔答：七十三！後知我是從台灣來的。那人讚說：行！這麼多年鄉音無改。他以為我是四九年去台的老鄉呢！我又以山東腔回說：俺是台灣土生土長的，俺祖先到台灣已兩（讀二）百多年啦！他聽了甚表驚訝，說七十三歲還能爬雲門山。其實在我來說，這只是小ＣＡＳＥ而已。

在山上鵬給一老者鈔票，又與一老者買野菜和槐花。我吃掉帶去的蘋果，又買一瓶水。下山很快，於十二點半到家。莉莉婆婆做了涼拌黃瓜、煎槐花（紫色）、紅燒帶魚、清炒高麗菜。飯後我洗澡，倒床便睡，實在累癱了，聽莉莉說她老爸還沒爬過雲門山呢！莉莉婆婆說她也沒爬過。哈！這麼說來我似與雲門山有緣啦！

一覺醒來已四點，莉莉下午原要請假陪我，叫她去上班別請假了。晚餐後孫婿要陪我去逛街，我有些累不想去，再說傍晚下起雨來，路上濕滑不便。他即與朋友弄網路，八時與三叔網上聊天，三叔說正在開車不便聊。

約一小時後，孫婿按捺不住，即與德兒在網路聊上，並教莉莉如何使用，同時與珞西聊上，要三嬸教講閩南話，說三叔、阿嬸吃飯沒……怪腔怪調，聽了令人噴飯。珞西說她從小即沒講閩南話，因此不輪轉，逗得他咯咯笑！害阿哲在臥房裡惦著客廳的笑聲而睡不著，莉莉只好去哄他睡。德兒看到手機畫面，說媽媽的頭髮怎麼啦？我洗頭髮沒吹服貼有點蓬鬆；珞西說媽怎麼還穿那麼多衣服？台北已經很熱了。我說克梓、壯壯都穿短袖啦，媽怕冷才仍穿毛衣嘛！

五月九日　星期四　陰冷

早上吃過早餐，阿哲上學去，才知莉莉請假要陪奶奶去玩。

九點出發，孫婿開車往「駝山」方向，去一個叫「井塘古村」的明代遺蹟，本市市民仍不須購門票，我出示台胞證也管用。此古村原是明代衡王朱慶載之第三女兒，嫁到井塘村吳某。因此才有這吳家大院，今仍有後人居住，住房依山勢而築，每戶格局小巧，錯落迂迴，曲徑深幽猶如進入諸葛先生之八陣圖，巷弄七枴八彎，很是錯雜，上下高低皆房舍，牆壁皆以岩板塊砌成，卻全無屋頂，斷垣殘壁，凋敝頽廢，的是古老，距今有三百近四百年。並未遭外界破壞，市府快刀將之定為「古蹟」留予後人憑悼。

村道在曲徑山坡上迴轉，延伸至不知盡處，恬靜安寧，滿山遍地皆是梧桐樹和槐樹，梧桐開紫色花一朵朵，燦爛喧鬧；槐樹開成串的雪白花，紫白相間爭艷，甚是娛目，尤其在此春夏交替之際，且經過細雨滌洗，滿山綠意盎然，實乃人間桃源也。

我們來到一屋院門前，其門似枯木條編結成扇，微斜石牆邊，四周綠色盈眸，空氣清新，除了偶有鳥鳴，闃無人跡，使我頓時想到王維的詩境，隨意吟唱——空山不見人，但聞人語響……矣，下一句是什麼？一時想不起來，莉莉也想不起。後來還是這靜如太古蠻荒的清幽意境，讓我想到下一句——返景入深林，復照青苔上。

莉莉聽了不忘給奶奶灌米湯，說奶奶的頭腦還是很靈光呢！

十一點我們離開這被世人遺忘的「古村」直驅「興龍寺」，此寺位在駝山索道（沒用）房，坐大山，四面山巒環繞，上台階後兩旁是「觀音殿」及「地藏王殿」，我們淨手膜拜，並放五元添香油。再到最後的「大雄寶殿」，我欲彎身跪拜，怎奈左膝術後跪不下而罷。

十二點到家，莉莉婆婆已做好午飯，飯後孫婿有事外出，阿哲午覺醒即去上學，他今天晚上他要學鋼琴。我兩點醒，再睡至五點起來，這時莉莉婆婆已回去。

晚孫婿回家買櫻桃和青州名瓜——火銀瓜。晚餐後孫婿陪阿哲去學鋼琴。莉莉陪我逛百貨公司，看一件淺綠色夏衫甚美，莉莉要買給我，標價四百八十元，我拒不可買。她要買飾物給蔚綸堂妹，我說不必，她穿的衣服都是高檔貨，全是二叔同事送的，蔚綸從沒買過什麼衣裳，穿不完。

後去「青州宋城」之護城河，雖是夜晚，燈火輝煌，遊人如織，幾個大廣場全是市民在彼跳舞，莉莉說此地是市民休閒廣場。沿河邊也有人行步道，兩旁遍植花木，河面寬廣，河水充沛，夜燈照射五光十彩，波光粼粼，旁有一船舫停泊，其景令人遐想，如秦淮河吧！

青州市人口九十幾萬，市府用心規劃，住房整齊，公園很多，快車道寬敞，路邊行道全是長青柏樹，高大茂盛；慢車道旁的樹種又不一樣，最裡邊才是人行道，有一大段種的「辛夷」開淺紫色花，台灣稱它是「紫色玉蘭花」，花朵碩大，非常引人注目，真不愧「花園城市」之美譽。難怪莉莉想在此購屋讓父母來此養老。我聽了不免戚戚然，暗喟：那鴛橋老家豈不是連根拔起？唉呀！那是維經一生苦苦思念的家鄉啊！

莉莉婆婆堅請我去雲門山莊住兩天，克梓說媽別去，因她每天來幫莉莉理家，接送阿哲上下學很累，週日正好休息（莉莉週六、日兩天兼差很忙），然莉莉婆婆說一句——妳已經來大陸了，不差在此住兩天，咱倆好敞懷聊聊，下回不知要等何年才會再來……，我聽了驀然心驚，的確，我已七十三歲了，再來不知何年，且再來時年歲更大，體力更差矣！給克梓電話說決定受邀前去打擾，叫鵬與德兒聯絡，說若來電話，請在週日晚，那時我已回到莉莉家啦！珞西說翠麗姨要電話聯絡，鵬告訴她莉莉家電話號碼。

五月十日　星期五

早上莉莉請假，九時與鵬陪我去「范公亭」參觀。原來這是市民休閒大公園、水塘、拱橋，花木茂盛。另一意外收穫是，來時途經宋詞人李清照故居。她雖是濟南人，因嫁夫趙明誠定居於此，青州成為她第二故鄉，據載她居此時是一生最幸福階段。院內有一大梧桐樹，開滿紫色花，隨風搖曳生姿，想必是她創作詞章靈感來源，但此梧桐絕非彼梧桐吧！院中一隅有兩欉芍藥，花已開過，蒂仍掛花樹上，且其旁仍有一朵粉紅牡丹未凋，似特為我遲開呢！

三賢祠是紀念范仲淹、歐陽修、富弼三位前賢，合稱三賢。途中拱橋邊上，我正拍園中盛開如雪白花時，翠麗誼妹從台北來電話問候，她真有情。

三賢祠內供奉范仲淹塑像一尊，這位「先天下之憂而憂，後天下之樂而樂」的清廉好官，在青州勤政愛民博得名傳千古，歷三任而歿。百姓為緬懷這位廉政愛民的清官，特建此祠供奉紀念他。

院中有一——唐楸老樹逾一千三百二十多年，樹身之寬大，蒼勁老邁，是我平生第一次見到；另一株亦相似。還有一株是——宋槐佇立在此，看盡人間冷暖，歷盡風霜之老樹，卻如多病老人，樹身龜裂，以水泥填滿裂縫，祈保樹命延年，中或有水泥柱撐著，保護古樹不遺餘力，令人感動。

午飯後沒睡著，起來和莉莉婆婆聊天，晚飯後莉莉載兒、婆婆、奶奶去「雲門山莊」婆家。路經一廣場甚寬廣，人眾聚集，舞台上有青州市合唱團，歌唱歡慶母親節「母親就是家」。七點多抵莉婆家三樓。其屋比一般大些，一〇六平方米，三房兩廳，一廚一衛，前陽台寬大；屋前一公園，上回來時樹木未萌芽，隔一個月公園裡已是綠油油一片。莉公公上樓招呼，歡迎我來住，即下樓到車庫家。

莉與賢通電話，孫承緒上數學課，孫女蔚綸來跟奶奶說話。賢兒說媽媽有很多信，除官叔叔的之外，尚有其他的，他不識，並且已為媽媽預約和平醫院「心血管」的診號。

五月十一日　星期六　晴風大32度

早上六時起來，我、莉公婆吃早餐，蕃茄煮麵條，煎槐花、涼拌黃瓜。七點莉回市區上補習課掙錢。

莉公公去二十公里外清溪釣魚，釣回一大盆鯽魚，拿樓下刮鱗，要做魚湯給我吃。九點和莉婆婆送阿哲去練桌球，兩人在路邊樹蔭下坐著閒聊，沒多久莉公公來電話，說外邊太熱，快回公園樹下飲茶，約十一時即返家，莉公公騎車接孫。

中午莉公公做三尾鯽魚湯，味鮮美，我吃一尾半。鵬回家中餐後又出去。午休後與莉婆婆聊天甚歡。五點下樓在車庫內唸心經。莉公公炒花生，拔萵苣做涼拌，五尾魚做紅燒，我吃兩尾，莉和婆婆皆不吃魚，大概嫌刺多吧！鵬有聚會今晚沒回家吃晚餐。

晚飯後全家洗澡，因高溫三十二度，那熱水像煮沸了一樣好燙，九時大家就寢。睡前聽莉偷聽德與壯的對話，壯說她媽媽看了王蘊如，腳都不痛了，真神，孫女竟成一帖治膝痛的良藥呢！

五月十二日　星期日　晴35度

昨晚喝水又吃太多瓜，夜裡起來五次。早起我與莉婆媳互道聲「母親節」快樂！待我納完稅，莉婆手腳快竟把我的被給疊好了，真不好意思。我洗頭髮，莉幫奶奶沖水，飯後她回市區上補習班教小朋友才藝。

莉昨晚為奶奶買件內褲（十四元），今早我洗衛生衣褲及套頭衣。因是母親節，莉婆婆做栗糕孝敬她婆婆，莉公公送去時，順便剪韭菜和萵苣，去侍奉祖母的五叔家（老奶奶有五子，就三子——莉公公及五叔奉養），其老家已拆掉蓋樓房，老家可說無寸土片瓦了，徒增回憶而已。哥哥送青菜給他，鄰人羨慕得很呢！

下午三點下樓喝莉公公新採的——蒲公英泡的茶，說可敗火，另把蒲公英煮豆漿。公公在樓下炸鯽魚和白帶魚，晚鵬回家吃飯，莉在外有聚會，我提醒她早回照相留念。

鵬送奶奶一個精緻禮盒，外面包裝甚美觀，拆開是一盒攜帶方便的多樣式指甲剪，另還有一卡片，上書「最佳奶奶」我對他說聲謝謝他的孝心。鵬笑說他原以為奶奶會很驚喜。我沒做出外國人誇張的驚喜表情，令他有些失望，但奶奶謝謝他貼心周到，並且給他一個熱烈的擁抱了。至於他說的「最佳奶奶」我因自感平凡，沒什麼最佳嘛！

大家照完相，於八時下樓要回南燕都莉家，與莉公婆辭別，感謝他們全家誠摯的邀請和熱烈的招待，讓我有美好的回憶。莉婆婆很感性對我依依不捨，臨別再擁抱，還紅了眼眶呢！我倆還真有緣，每天有聊不完的話題，像子妹一般親，沒有隔閡和距離，她盼我每年去大陸好見面。

九點前回到南燕都莉家，閒聊時，鵬說他沒看過新台幣長得啥樣？奶奶身上若有讓我瞧瞧！我說剛好有幾張，於是我拿出一張千元鈔、一張伍佰元鈔及一張和人民幣一樣顏色的百元鈔。他驚喜地雙手接過，翻過來倒過去仔細瞧，似愛不釋手。我大方說：這三張鈔票就送給你當做紀念吧！他歡喜說謝謝奶奶，向我作揖又鞠躬，他的反應可當演員。

五月十三日　星期一　晴36度

早上莉送阿哲上學，鵬吃過飯與同事上工去。九點莉開車送我回淄川，仍走老路，整修的那段路老樣子，沿途並無工人修路。路過廟子莉下車買驢肉，店家在門口栓著一頭瘦驢，牠透著一雙無辜又無奈的眼神，我立刻別過臉去，不忍卒睹……。到家才十點半，莉說爸叫她八點出發，十點半可到，可莉九點才出發，十點半就到，比爸爸快半小時到家。

十一點我們就吃午飯，蘊如一直哭，一問原來仍未給她洗澡，說怕她著涼。出生三十幾天竟沒洗過澡，肯定不舒服，我也熱得一到家就換上短袖衣，並且叫克梓找出扇子來。終於我們三個大人按著一個小娃兒給洗澡；蘊如樂得笑咪咪，舞動手腳，舒爽極了。一點半午休，莉已開車回青州了。

天氣很熱，我把毛衣及毛料西褲都洗了，換上輕便的牛仔褲和襯衫，涼快多啦！

五月十四日　星期二　陰晴

昨晚姪孫女王榮過來，聽她說奶奶（維蘭弟妹）已回淄川。上午九點洗另件毛衣、襯衫、內衣晾上。由香浦陪走路到克和家看弟妹。

回來午休後看電視歌唱比賽，天天如此甚感無聊，即給阿里郎（筆友）寫信。

五月十五日　星期三　陰晴有風

早上吃過飯，克梓說今天停電一小時，我們去郵局寄信，順便走走。此地郵局不像台北的，人來人往，要先抽號碼牌，我僅寄兩封信，一給劉守相先生，一給阿里郎，信內都告知不必回信，因我六月初二即將返台北。

出來克梓開車到一條筆直，一望無盡頭的漂亮馬路，到一景點停好車，他說往前走右拐就是「蒲家莊」，今天我們上一個叫「魯泰文莊」看看。這是一個叫「魯泰企業」賺了錢，把這整座山頭買下，整修做市民休憩之地。緩緩而昇的台階兩旁有十二生肖雕像，克梓夫妻在龍身旁照了像，我在蛇旁邊也照了張。我們一齊數台階，段段落落加起來總數是兩百五拾階。到山頂上往下看，可見市區全景。

下午王榮來坐，晚飯前回去。壯今天休息，回去洗衣服，再回家吃晚飯。飯後莉來電話問候……。八時泡腳。

五月十六日　星期四　陰涼有風舒適

今天哪也沒去，上午喝青草茶、吃西瓜。下午看朱自清散文，消磨一個上午。香浦的烹調手藝好，她做的菜每樣都好吃，因此我每餐都吃太飽，惡性循環——飯後必繞室散步。克和來電話請我明天過去吃午飯。晚九點德兒來電問嫂子的腳怎樣？好些嗎？蘊如是否長大些啦？

五月十七日　星期五　陰時晴有風涼爽

早上十點有點睏，上床躺一會兒。十一點香浦叫醒，我們四人——我、香浦、娜娜抱其女，走路去克和家吃飯。王榮在這幫媽做菜，有炸肉條、芹菜涼拌、黃瓜油條涼拌、炒茄子、蒜苔炒肉絲、芹菜葉豆腐湯、水餃，擺滿一桌，每樣菜都好吃，我吃三個餃子，一碗半米汁。

上午出來前香浦為蘊如剪髮，因她的頭髮豐茂又太長，老出汗，香浦剪個——王家特有型吧！在克和家，飯後和弟妹聊到一點才告辭。到家已兩點，榮幫娜抱孩子一起來。我上床休息，過時睡不著，起來洗澡。天陰陰，至五點忽下雨了，雨後涼快許多，壯晚上回家吃晚飯。

五月十八日　星期六　陰雨午後放晴

昨晚下雨不大，滋潤而已。上午克梓買一箱「雞蛋香瓜」二十五個三十元，二十五個蘋果二十元，兩種都好吃，甜又多汁，真實惠。克梓把香瓜切一塊嚐，是甜的就放我面前。

晚八時半賢兒來電話，說孫女蔚綸共得四種獎，有爺爺教她寫的書法、版畫等；承緒去師公家學畫，已長高到一百六十公分啦。因他學科成績甚佳，術科全校第一名，學校已為他申請「市長獎」。

德兒和珞西在哥家，還與莉通電話，美筠媳笑說：媽媽講話有山東腔了!?珞西問媽媽衣服夠穿嗎？（指夏衫）真細心體貼。講完即撥電話給四弟——邦福，恭喜他明天嫁女兒，請他代我賀筱藍姪女，幸福美滿。

五月十九日　星期日　晴有風涼

早上陽光不大，甚涼爽，要去外面走走，梓兒陪我，回到家才半小時。

下午睡很香，四點洗澡。晚飯後起風，七點半打雷並閃電，後雷聲更大，隨即叭啦叭啦下很大聲，我聽不像下雨，娜說下冰雹啦！開窗一瞧，果然！克梓說到我屋看較清楚，我們三人看到外面車頂上皆是冰雹，像跳舞；我伸手在外窗台上拾三四個大小不一的冰雹，有橢圓及長型如湯圓那麼大的……哈！我此番到山東什麼都遇上了，下雪、下冰雹……看來我回台北一定要買樂透。

好在冰雹很快就不下了，不然農作物損傷可慘。

五月二十日　星期一　晴天涼舒適

早飯後，八時到社區散步，看花圃盛開的月季花，還有粉色玫瑰，好一片奼紫嫣紅，好看極了。中午包餃子，壯回家吃午飯。午後睡得很好，還作白日夢，夢到上屋與朝嬸高雄的家，又像滿姑家，她有三個兒子（其實才一個），聽她們講很思念故鄉芎林。我對爸說：很感激爸沒有離開故鄉，我們才有完整的家……醒後眼角濡濕。

今天蘊如滿四十天，第一次看她咧嘴笑，全家開心。

五月二十一日　星期二　起大風熱

早上飯後如常吃「雞蛋瓜」，外面風大太陽大，不適合外出散步。

電視報導美國俄亥什麼州，大龍捲風把居民房屋掃光，還死了五十六人，並影響左右十個州，老百姓可慘了，誰說美國是天堂？不幸遭遇天災，就成了地獄。今天立夏。

五月二十二日　星期三　陰晴午後熱

今天是農曆四月十三日，是公公的忌日。我們起早，香浦備妥供品紙錢，於七點出發回鴬橋上墳祭拜。他的墳應在維經的隔壁，因無土堆可認，即在維經和永英姐墳前擺供品及碗筷祭拜，盡對先人一份誠摯的追思和敬意。

上回清明來掃墓時，墳上無雜草，今墳頭上長滿帶刺的藤蔓。我和克梓把它全部連根拔盡，此草扎根很深，強韌難拔。墓旁一農民在除草鬆土，停下鋤頭問克梓，說這位大嬸是？說來一趟不容易啊！我在想他說的「不易」，一是旅費，二是指路程迢遙，的確是不易啊！

今天中午壯開空調。

五月二十三日　星期四　晴熱

上午莉來電，原週六要帶阿哲來，但她要上補習班的課，不好安排，陷兩難。

今天是農曆四月十四日，晚起如廁，見月光灑滿客廳，走近窗戶看月亮近飽滿高掛中天，未知賢兒記得明天吃素否？

白天甚熱，中午壯開空調。蘊如白天已不大愛睡了，躺在床上總要用力向左右翻轉，像要翻身，下午開心笑幾個，很可愛。夜裡甚涼快。

五月二十四日　星期五　陰晴下午雨

早飯後見陽光不大，七點四十分即外出散步。先在社區內走幾趟，再去淄川二中，即從二中前面巷子轉回社區，來回僅四十分鐘。返家吃一根香蕉、一個蘋果。

莉於八時四十五分來電，說從青州啟程過來，約十點半可達，結果十點莉就到家了。她今天請假回淄川，一早去買羊肉，一斤四十元，共兩斤半，就是要奶奶吃到青州的嫩羊肉，實在感動！並買嬰兒用衣架等物，還給奶奶買化妝品，真有孝心，讓她破費了。

中午我們關窗開空調，吃羊肉火鍋，一大塊一大塊，梓兒一直往我碗裡添。並涮菠菜、青江菜、豆腐，很快就撐飽了，羊肉又鮮又爛真好吃。這回在淄川長住，莉常從青州帶來牛肚、驢肉及今天的羊肉，雖然好吃滿足口腹之慾，但內心卻很不安哩！

下午兩點莉回青州，我即去午睡，三點多起來洗澡，而莉也已回到青州，繼續上班。四點多忽下大雨，不多會即停，暑氣全消，感覺涼快多啦！

五月二十五日　星期六

昨日是農曆十五日，因雨後天陰，整晚沒有月光，今天有點悶，故沒外出散步。夜裡開窗有風，致右頭部有點疼，即把枕頭調到面南睡，即感舒服。

下午四點多東南面烏雲濃厚，接著雷聲隆隆，大雨遂至。第一波比昨天的大，歇一會兒續下，氣溫明顯降幾度，涼快多了。蘊如兩點睡至五點半醒，她睡得香沈，大雷也轟不醒，她像一隻大蟲蟲，整個身體扭動，來個一百八十度轉向，酣睡中還頻頻笑呢！在台灣我們說這是嬰孩與床公婆笑。

晚八時壯來電話說與三叔通話，告知二姐已在榮總動手術，他和珞西去看二姨。克梓再電壯問德兒，二姨何時動手術？壯回電說二叔已離開醫院往家回。我估量他倆到家已九點多啦！

九點一過賢兒來電說承緒學畫已返家，正要洗澡早睡，即叫他來和奶奶講話，蔚綸也來講，還問：寶寶呢？賢兒說他累死了，五點學生走後，帶他兄妹去跳繩，半小時後才吃晚飯。承緒飯後去師公家學畫，他明天上午與傑生（承緒同學）父親有約，下午參加承緒一個數學研討會，然後才有空去看二姨！

我料過九點多德兒必不會來電話，即入房睡，剛入睡香浦把手機給我，說三弟來電。德兒說阿姨週四入院，次日手術，半身麻醉做「微創」手術，在膝上打三個洞，傷口很小，術後次日即能走……，也不必用「咕咕」復健機。

想我的膝關節手術，傷口長二十五公分，又腫又痛，另花一萬零八百元租復健機，且叫兩兒及媳為我辛苦復健，自己也受足罪，唉呀！看醫還得多打聽才是。

德兒聽二姨說，五月十九日表妹筱藍結婚當天，男方宴客兩百多桌，新人每桌去敬酒，都累趴了；又說大舅因前一天晚上滑倒受傷，因此缺席。

五月二十六日　星期日　陰雨氣溫下降18~20度

昨晚睡時有些冷，穿長袖內衣再加薄毛巾被，後又覺得熱，一夜數起開關窗戶，後又熱，折騰至睡前如廁四次，沒睡好，致今天頭有點暈。

九點多克和夫妻來訪，他離去後，其女榮來家坐，我即進房小歇。醒來香浦說耜慶表哥下午會過來看我。約四點耜慶由研群開車來，在家坐約四十分鐘，即返張店。晚壯回來後，於八點多打電話給二姐，她沒開機，即撥給外甥益弘，通了與二姐談了一會兒，她說術後很好，也不必租刑具復健，省一筆錢；「微創」手術讓她減去許多痛苦，傷口也不腫，我聽了為她高興。

九點多耜慶外甥媳端琴來電話，請我明年再回山東住她家。之後又與賢兒通電話，問他納稅問題，去年他領一筆父喪撫恤金，因此稅金比去年更多，因我手術可減去一些醫藥費，應可減免一些些。

晚上睡覺，明顯冷許多，因此又拉厚被蓋。

五月二十七日　星期一　陰雨

今天壯休息，早上飯後天氣變冷，即換厚點的牛仔褲，又披上薄毛衣保暖。八點多莉乾妹子夫——劉先生來。

壯和娜娜去羅村接岳父母來家，其岳父母買了豆腐乾送我，另送一床漂亮的被面（說是娜娜的姨婆在杭州買的），謝謝她的盛情。十一點半我們去吃「燒烤肉」嚐嚐另種風味，又是蘸料太鹹，回家連喝五杯茶。兩點壯送岳父母回羅村。

晚七點半莉來電，說奶奶，今天二十七了，怎辦？到六月二日剩沒幾天啦！真不想奶奶回台北……唉！兩個孫女兩樣情，莉盼奶奶長住不要回台北，台北的蔚綸說：「還要等一個禮拜奶奶才能回來。」問想不想奶奶？說想啊，去兩個月太久啦！我告訴莉，還是記住蘇軾〈水調歌頭〉最後一句——千里共嬋娟吧！

五月二十八日　星期二　陰

昨晚吃燒烤回來連喝五杯茶，就寢時一連如廁四次，原以為茶喝多造成失眠，其實不然，原來天冷穿的衛生衣太薄，而無法入睡，只得改換厚些的保暖，即睡著了。晨六點半起床，香蒲正要去市場買菜。她貼心叫我再睡，這一睡竟超過八點，克梓已吃過早餐了。

連下三天半的雨，今天終於放晴，但地上仍濕滑，不想去散步。十點五十分看窗外地面已乾，即去散步，十一點半回，約四十分鐘，兩腳感到輕快許多。

九點賢兒來電，我剛泡完腳接電話，他以為打錯了呢！他說台北今天高陽三十九度，熱翻了。他要我確認返台機票日期和時間。

五月二十九日　星期三　陰午後放晴

早上原想去克和家看弟妹，克梓說外面很涼。昨日去散步四十分鐘，晚上即不會頻上廁所。穿好毛衣布鞋，去外面走走。到社區大門口賣菜處，看到有如柿子長相的扁桃上市，問價一斤六元，蒜苔已老，一斤三元，在窩橋時正上市很嫩，一斤六塊錢。像柿子的扁桃，店家說這叫「蟠桃」。

回家一看鐘，我整整走了一小時，因步伐慢悠悠，並不感到累。午後放晴，氣溫上升暖和些。

晚壯和娜請奶奶吃「雲南過橋米線」說嚐嚐看。即一沸湯，把佐料及米線放入，並無其他特色，米線太結實不好消化。此味維經認識我時，曾請我吃過，實不如「客家炒米粉」料多且香，不過當年的「過橋麵」雞腿較大，昨晚吃的只有小鳥翅膀那麼大的雞腿，而且很貴，五人吃共花一百二十元，不如上次香浦妹一家來時吃那家豐盛，花樣多，八個大人一中孩，才花一百二十八元。壯壯夫妻為請奶奶嚐新的孝心，奶奶由衷感動，只是花費不貲，讓人心疼。

五月三十日　星期四　天晴20~32度

上午克梓載我和香浦去看維蘭弟妹，想十點前即可回家，因昨晚飯後去大賣場逛，上下台階走路約一小時，想回家睡覺，弟妹不肯放人，定要我們在彼吃午飯。她感性說，吃飯事小，主要是藉此多聊聊，說得也是，是該珍惜。

香浦即通知克梓和娜娜過來吃午飯，多所打擾，飯後即告辭，弟妹也該歇歇。回家午睡很沉，約一小時半起來。晚壯買櫻桃、西瓜，我不敢貪吃，怕晚上頻起影響睡眠。

上午在弟妹家時，她說維經是臘月初七走的，她初六晚曾夢到一隻大公雞（維經屬雞），立在院中高處，原來是大哥回來了……。因談起做夢事，克梓說在一九八五至六年，常夢到大水似從水庫溢出……，他聽人說夢到水會發財。我說水代表財氣，你這幾年買股票有賺些嗎？他坦誠說這十年間他的事業，託天之福，一直很順利，在生活上他娘過得好些，是最感安慰的。

五月三十一日　星期五　晴涼爽

中午吃莉買的「清燉羊肉」鮮美，克梓幫我盛一大碗，羊肉裡放高麗菜、馬鈴薯、西葫蘆、豆腐，湯濃很合口，因此我又吃過飽了，飯後自罰繞室散步半小時。

晚克梓買韭菜，香浦做她拿手的「韭菜盒子」噴香。

早上蘊如一直哭，很久不停，他父母以為發燒，量體溫正常，但她卻哭得滿頭大汗。我一摸額頭冰涼，跟娜娜說可能是肚子著涼了，叫她把麻油滴在手掌心，搓熱捂住蘊如的肚臍眼。娜娜聽奶奶話照做，結果捂上瞬間停止嚎哭，並且安靜睡到中午。這是老祖宗的傳家妙方，用對了還真有效呢！

克梓說再過三十八小時，媽媽就要回台北了。記得上次蔚綸說奶奶再等一個禮拜就要回來了。週一莉來電說：怎辦？再過幾天奶奶就要回台北了，唉！

晚王榮過來坐，她說明晚再來看奶奶，八點莉來電。

六月一日　星期六　陰晴涼

今天克梓夫妻要去吃喜酒，先到鴛橋接克增，一塊去三十里外的宴客餐館。八點半他倆出門前，香浦把中午吃的飯菜備妥。十點娜把香浦洗淨的小米煮粥，我在床上休息就聞到米粥的香味，她炒土豆和高麗菜，很好吃。

三點半克梓來電話問蘊如乖嗎？但她一直哭，原來太熱了。四點莉夫妻攜子返淄川，一會兒梓兒倆也回來。莉倆要為奶奶餞別上館子，我叫莉不要去吃貴的，上回那家一二八元的就很好。但孫婿還是請我們到一家「紫雲屋」吃三百多元的餐。飯店不讓帶酒，開瓶費要三十元；孫女倆ＩＱ很高，把寶特瓶的水倒掉，注入白酒拿到桌上喝，服務員其奈何？

劉海真有情，夫妻倆攜來自製的「一帆風順」大蛋糕，很感動。回家正打包，克謙二媳攜女來，離開後，打完行李包已近十點半了。莉夫妻去壯壯那邊睡，晚因白天喝茶太多睡不著，又熱，卻越睡越冷，即拉大被蓋上，後又覺喉頭涼涼，拿絲巾圍上，這才睡著。

六月二日　星期日　陰涼

凌晨四點起床準備，喝半碗熱粥，吃一個蛋糕。壯和莉夫妻回來，五點出發前與他們三人擁別，莉莉深情說奶奶明年再回來喔！克梓夫妻送我到濟南機場。高速路口塞車，等半晌全沒動，克梓下車到前方探看，原來是有事故，且已過一小時了。我要搭飛機不能擔誤，克梓當機立斷，立刻退出再直走，到下一個交流道上高速路。

克梓帶兩只蘋果，六點我在路上吃一只，剩下一只在候機室吃。我們到達機場正七點整，立刻辦理行李託運劃座位。克梓倆不能進入，我與他夫妻擁抱揮別，直走看不到他倆，我特意靠左線走，回首仍能看到他倆對我揮手，直到進入檢驗區。海關人員拿的驗棒在我腿上移動，茲茲響，她沒問什麼，自語道有「鐵片」嗎？我說要看腳嗎？她說不必，示意我過關。

八點三十分飛機準時起飛，鄰座一位大陸中年男士，說他到台北看叔叔，我誇他有情有心。他問我也是去台北嗎？我告訴他是回丈夫老家為他掃墓。他聽了我的故事後，坦誠說是來台北接叔叔的骨灰回老家安葬。

十點四十五分安抵桃園機場，我步履輕快，第一個出來，到五號（東方航空）轉盤等行李，因託運晚，等了幾轉仍沒看到自己的行李。這時緝私人員牽一隻狗經過，那隻狗在我放置地上的提袋嗅了嗅，竟然停下不走了。一下三人兩女一男圍攏過來，說請妳把袋子裡的東西拿出來，裡面是不是有蘋果？我誠實說沒。

他們不信，我只得把提袋裡裝的土產拿出來，一一給他們過目，我說裡面就是一包鹽巴醃的香椿芽，還有黑白木耳、葡萄乾、山楂乾，別無他物。緝查員問，妳這袋子裝過蘋果嗎？啊！對了，提袋毛衣上是放一只蘋果，但我在上機前在候機室已經吃掉……

我好佩服這隻緝私狗，他的狗鼻子實在太尖啦！

領了行李出關即撥電話給賢兒，他驚問：媽媽，妳出來啦！這麼快呀！剛到九號上車處，德兒笑咪咪走過來喊一聲「媽媽…」我們走五楊高架橋，於十二點十五分即到家，立即打電話向克梓兒報平安。

從四月一日到六月二日，共六十一天在大陸，終於完成三件事。

一、把維經生前撰寫的自述，整理完成，帶回老家祭在他墳前，告慰他在天之靈，含笑九泉。

二、喜迎曾孫女——蘊如誕生。

三、回山東老家讓克梓兒夫妻，盡奉養媽媽孝道心願。

一點四十三分，正要躺下午休，忽天搖地動，震央在南投，六點五級，嚇死我了。

晚上珞西過來，我們全家七人在樓下「六品小館」吃團圓飯，共花掉二仟三百多元，才六樣菜，人民幣四百多元，又嚇死了。

回到家立刻給秋岳叔、二姐、三弟、守相、翠麗、滿子姐打電話，告知說「我回來啦！」

香遠翦影

山東兩位詩人為作者夫婿（王維經）寫詩

左起書法家盧俊德先生、詩人趙玉霞女士、作者、詩人蒲先和先生於克梓家中合影。（攝於2019年元月）

蝶戀花，緬懷王維經先生

蒲先和

風急雲飄何處去？北望家山，萬里路迢迢。
欲破愁城誰與訴？秋窗冷月淚如雨。
幸有佳人為伴侶，舉案齊眉，且把天倫敘。
忽報鴻溝今可渡，歸根落葉歸鄉土。

浣溪沙，王維經先生身世感懷

趙玉霞

一去悠悠五十秋，隔空遙望淚雙流。
歸來慈母入荒丘。
幸有賢妻兩相護，兒孫雍睦孝歌謳。
人間大幸晚來酬。

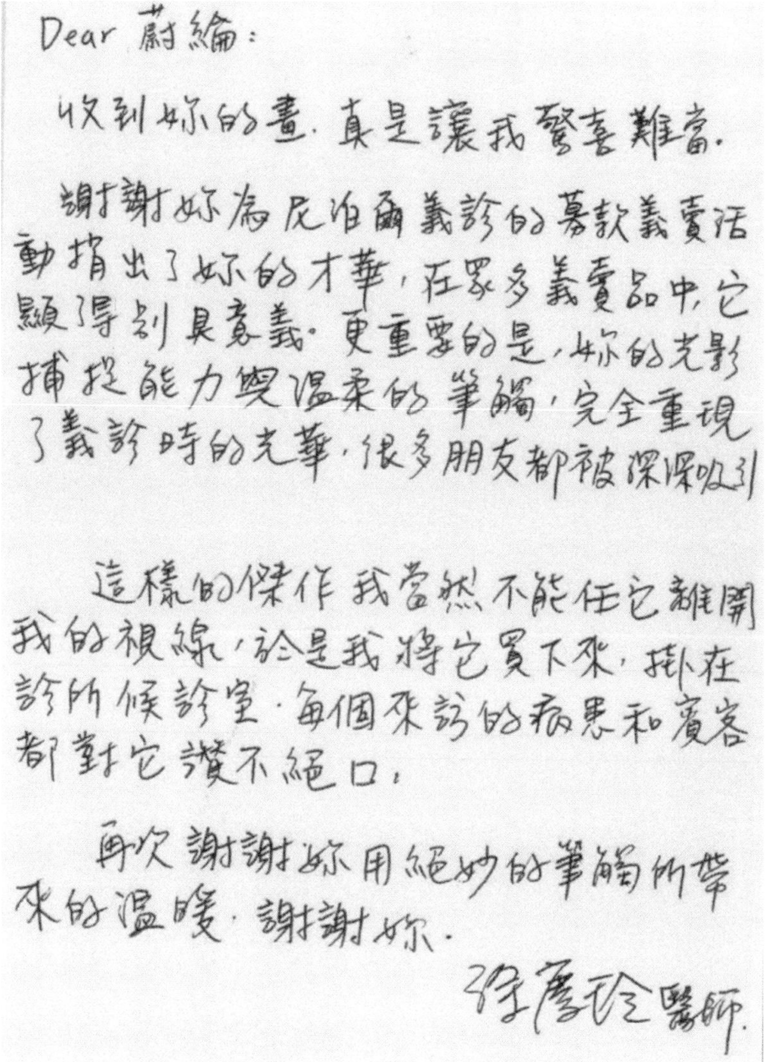

Dear 蔚綸：

收到妳的畫，真是讓我驚喜難當。

謝謝妳為尼泊爾義診的募款義賣活動捐出了妳的才華，在眾多義賣品中，它顯得別具意義。更重要的是，妳的光影捕捉能力與溫柔的筆觸，完全重現了義診時的光華，很多朋友都被深深吸引

這樣的傑作我當然不能任它離開我的視線，於是我將它買下來，掛在診所候診室。每個來診的病患和賓客都對它讚不絕口。

再次謝謝妳用絕妙的筆觸所帶來的溫暖，謝謝妳。

徐慶玲醫師

中央公園精品牙醫診所，徐慶玲醫師謝卡

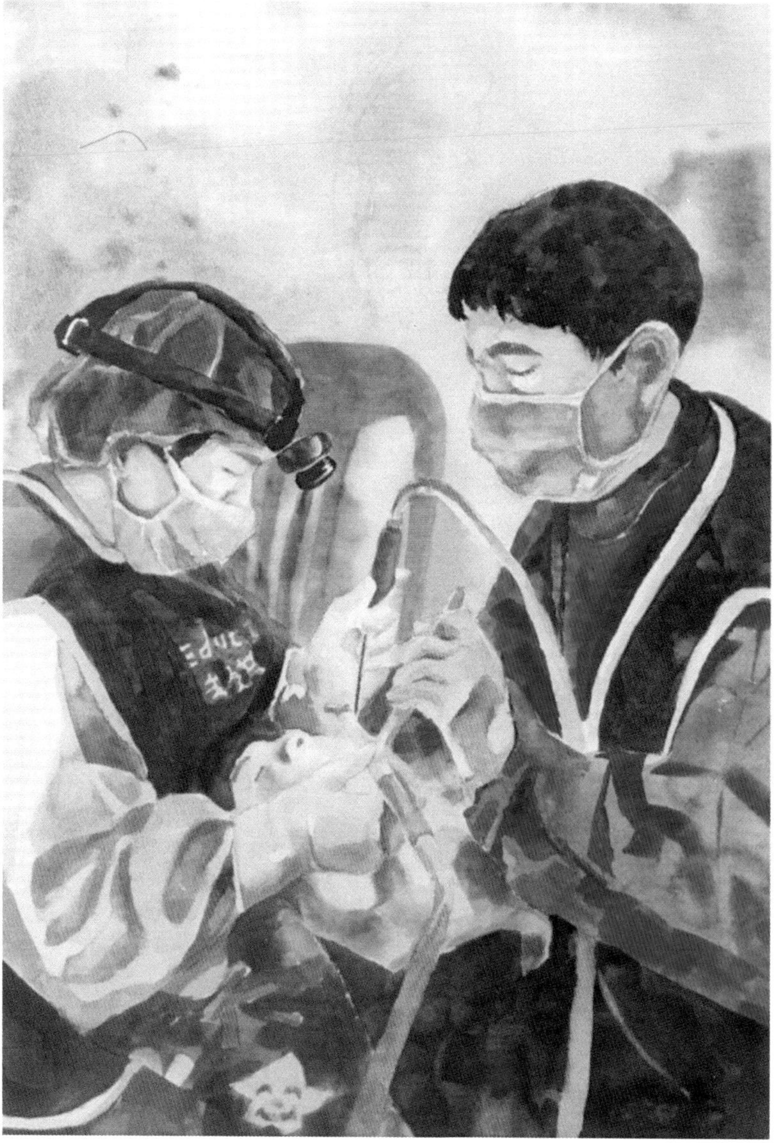

協助社團法人口腔照護協會製作品參與義賣
水彩畫 4 開　王蔚綸繪

飛(油彩)　王蔚綸繪

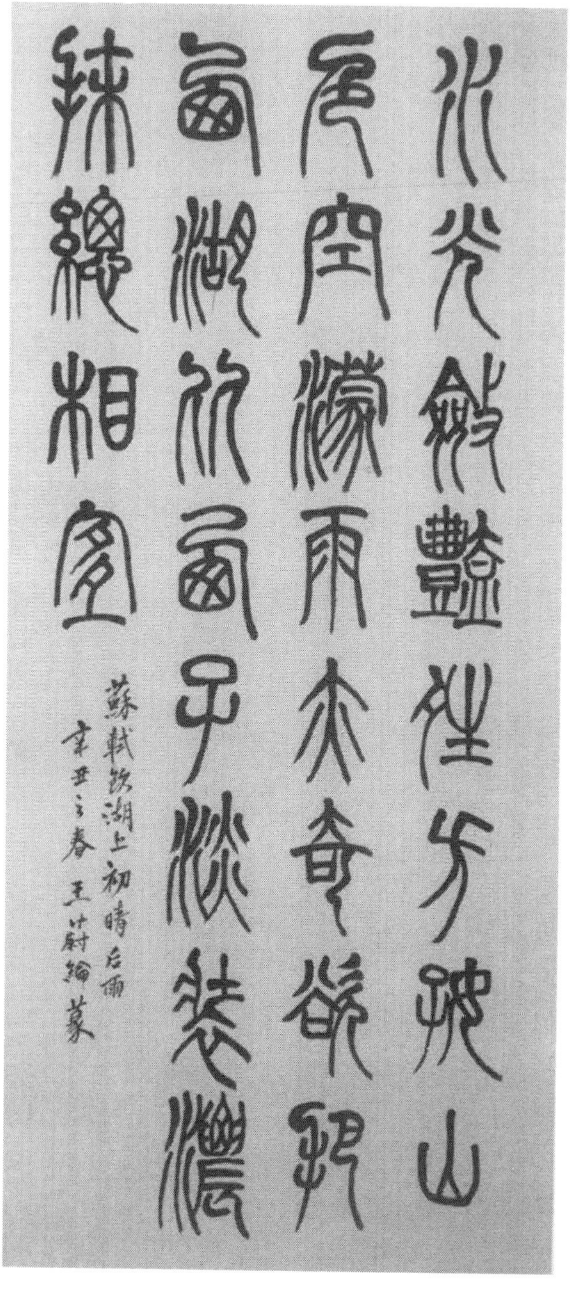

蘇軾書法

王蔚綸 臨摹

水墨畫

王蔚綸　臨摹